ajo σκόροδον

Garlic

hvidløk

flook 蒜

aglio

Knoblauch

VITLÖK

czosnek

σκόροδον

ALL

Knofel!

ajo

ALL

m sativum

Garlic

ail

alho

Knofel!

Knoblauch

чеснок

MASCHA KAUKA

KÖSTLICHER KNOBLAUCH

100 internationale Rezepte

Weltbild

Herzlichen Dank für die
liebevolle Beratung an
Pyinsa Kalyani Khine,
Yangon,
und Olga Winokurow,
München

Impressum

2. Auflage 1998

Konzeption und Redaktion: Mascha Kauka, Moosburg

Dipl. oec. troph. Andrea Brenner, Ingeborg Pils

Fotos S. 12 oben Mauritius/Rosenfeld, S. 14 und 15 Schuster/Explorer, S. 38 und 39 Mauritius/Gierth, S. 80 und 81 Zeitbild Bavaria, S. 104 und 105 ZEFA/Boehnke

Umschlaggestaltung und Layout: Helma Strobel, Starnberg

Lithoarbeiten: Kaltner Media GmbH, Bobingen

Druck und Bindearbeit: Appl, Wemding

Printed in Germany

ISBN 3-89604-240-8

MASCHA KAUKA

Köstlicher Knoblauch

100 internationale Rezepte

Weltbild

Inhaltsverzei

Knoblauch,
nicht nur gegen Vampire Seite 6

Der Knoblauch an sich Seite 12

Die transsilvanische Knoblauchküche Seite 14
Rezepte aus Rumänien, Bulgarien, Armenien, Georgien und Usbekistan

Die mediterrane Knoblauchküche Seite 38
Rezepte aus Spanien, Frankreich, Italien und Griechenland

chnis

Die maghrebinische Knoblauchküche Seite 80
Rezepte aus Marokko, Algerien, Tunesien, Libyen, Ägypten, Jordanien, Israel, Libanon, Syrien und der Türkei

Die fernöstliche Knoblauchküche Seite 104
Rezepte aus Thailand, Burma, Laos und Kambodscha

Rezeptverzeichnis Seite 128

Knoblauch, nicht

Der Graf aus Transsilvanien

Draußen heulen die Wölfe den Vollmond an. Drinnen, in der Wirtsstube, taut das stocksteif gefrorene Knochengestell des umtriebigen Professors langsam auf. Während die Eiszapfen an Nase und Bart tropfen, wandert das Auge des Meisters zur rauchigen Decke: überall Knoblauchzöpfe!

Knoblauch als Schutz vor Vampiren. Graf Dracula ist nahe!

Wer erinnerte sich nicht an diese Szene aus Roman Polanskis Kultfilm „Der Tanz der Vampire"?

Bram Stoker, bis dahin erfolgloser amerikanischer Autor mittelmäßiger Groschenromane, war schon etwa sechzig, als ihm um die Jahrhundertwende die unheimliche Geschichte vom Grafen Dracula einfiel. Mit einem Schlag wurde der Schöpfer des blutsaugenden „Untoten" mit der tiefen Abneigung gegen Knoblauch weltberühmt.

Nach seinem Buch wurden unzählige Filme gedreht. Der Ungar Bela Lugosi spielte als erster den blassen Halsbeißer im Abendanzug mit rotschwarzer Pelerine. Noch berühmter wurde der Engländer Christopher Lee bei seinem Blutgeschäft in Technicolor, gefolgt von Film-Fiesling Klaus Kinski als „Nosferatu".

Die Knoblauchabneigung von Graf Dracula, der sich ja hin und wieder in eine Fledermaus verwandelt, scheint Bram Stoker den südamerikanischen Vampiren abgeschaut zu haben. Die gibt es ja wirklich. Es ist eine Fledermausart (Desmodus rotundus), die mit ihren scharfen Zähnen Rinder, Pferde und Esel „zur Ader läßt" und deren Blut saugt. Um sie vor den Fledermausbissen zu schützen, reiben die brasilianischen Bauern ihre Haustiere mit Knoblauchsaft ein. Die Fledermäuse mögen das anscheinend nicht und beißen lieber anderswo.

Daß Knoblauch gegen Unglück schützen und Hexen und böse Geister aus den Häusern fernhalten sollte, glauben die Menschen nicht erst seit Dracula. Schon im Altertum war dies fest im Volksglauben verwurzelt, wie uns der römische Schriftsteller Plinius der Ältere berichtet.

Eine Knoblauchzehe, am Hals getragen, sollte den Menschen vor Gelbsucht, schwarzen Blattern und sogar der Pest schützen.

Die Bauern in Franken aßen früher am Tag Panthaleon, dem 27. Juli, Knoblauch, weil sie glaubten, dadurch das ganze Jahr hindurch von Krankheiten verschont zu sein. In Böhmen gab man am Heiligen Abend dem Haushund, dem Hahn und dem Gänserich Knoblauch zu fressen, damit sie stark und böse würden und den Teufel nicht fürchteten. Ein Knoblauchzopf im Stall aufgehängt, sollte Krankheiten vom Vieh abhalten.

Nach Zauberbüchern des 15. und 16. Jahrhunderts sind die Wunden von Degenstichen und giftigen Pfeilen mit Knoblauch zu behandeln. Mit Kamille und Feigenblättern zusammen zu einer Paste gestoßen, wird Knoblauch gegen Bisse von Ratten, Schlangen und tollwütigen Hunden empfohlen. „Kein gifftig Thier verletzt den, der Knoblauch gessen hat" (Lonicerus).

nur gegen Vampire

Doch auch für positiven Zauber war der Knoblauch gut. Im Mittelalter war Knoblauchsaft ein bevorzugter Liebestrank. Einer der Helden aus Bocaccios Decamerone schickte seiner Angebeteten Liebesknoblauch aus dem eigenen Garten, um ihre Gunst zu erringen – und hatte Erfolg.

Theriac der Bauern

Der Aberglaube, der sich Wunderdinge von der zauberabwehrenden Kraft des Knoblauchs erhoffte, hat seinen Ursprung in der Erfahrung des täglichen Lebens, daß diese Zwiebel gesund sei und guttue.

Schon früh hatten die berühmten Ärzte des Altertums die heilende Wirkung des Knoblauchs erkannt. Hippokrates, Dioskurides, Plinius und Galenus, der Leibarzt des Kaisers Marc Aurel, empfahlen in ihren Büchern die duftende Zwiebel zur Vorbeugung und Heilung mancher Krankheiten.

Theriac-Händler auf dem Markt – Kupferstich, 1485

Vor allem auf Galenus und den „Vater aller Apotheker", Paracelsus (gest.1493), beziehen sich die zahlreichen Kräuterbücher, die im 16. Jahrhundert von pflanzenkundigen Ärzten für ihre Kollegen „zu nutz und frommen" der Patienten geschrieben wurden. Teilweise wurden sie schon mit genauen botanischen Beschreibungen und Holzschnitten versehen. Berühmt wurden die Kräuterfibeln von Otto Brunfels (gest. 1534), Hieronymus Bock (gest. 1554) und dem bayerischen Doktor Leonhard Fuchs (gest.1566). Dem Folianten des Doktor Fuchs, der mit wunderschönen Holzschnitten aller möglichen Heilpflanzen ausgestattet ist, entnehmen wir, welche „krafft und würckung" der Knoblauch hat: Er wärmt den Leib – zerteilt die grobe und zähe Feuchtigkeit des Leibs – erweicht Geschwüre, öffnet sie und zieht den Eiter heraus – mit Knoblauchsaft das Haupt bestrichen tötet Läuse und Nissen – öffnet allerlei Verstopfung – vertreibt die breiten Würmer aus dem Leib – roh oder gekocht gegessen, macht er eine helle Stimme und lindert den alten Husten – treibt den Harn und lindert den Stuhlgang – ist nützlich dem Bauchgrimmen, das von den Winden entstanden ist – macht dünnes Geblüt und rotes Angesicht – mit seinem Saft die Haut gesalbt, vertreibt Grind, Räude und Sommersprossen – auf das Haupt gestrichen, macht der Saft, daß ausgefallene Haare wieder wachsen – Knoblauch kräftigt die, die schwach am Herzen sind – läßt hitzigen Naturen das Blut langsamer werden – schützt, in großer Menge gegessen, vor dem Typhus – ist gut für die Verdauung – ein Stückchen Knoblauch in den hohlen Zahn gesteckt, lindert den Zahnschmerz – macht Neigung zum Schlaf. Außerdem empfiehlt Doktor Fuchs den Knoblauch den Schnittern, den Bauern auf dem Feld und den Reisenden, weil sie ungesundes Wasser trinken müssen. Wandersburschen, die Knoblauch essen, können immerfort und ohne Ermüdung marschieren. Vor allem aber, weiß der Medicus zu berichten, mache Knoblauch „Lust zu ehelichen Werken". Dazu der Seufzer des französischen Schriftstellers Bernardin de Saint Pierre: „Knoblauch, dessen Geruch unsere jungen Damen so tief verabscheuen, ist sicher das einzige Mittel gegen die fliegenden Hitzen und nervösen Krankheiten, die ebendiese jungen Damen hervorrufen."

„Von Bauung der Gärten" aus dem Kräuterbuch des Lonicerus, 1679

„Dr. Leonhard Fuchs, seines alters 42 jar" Holzschnitt von Veit Rudolf Speckle, 1543

Die Mediziner des Altertums und des Mittelalters suchten nach dem „Stein der Weisen" der Medizin, dem Theriac. Dieses Mittel, so wollte es die Überlieferung, sei angeblich von König Mithridates von Pontus erfunden worden, der das Geheimnis mit ins Grab genommen habe. Der „echte Theriac" sei in der Lage, alle Krankheiten zu heilen, die die Menschheit plagten. Natürlich ist keinem die Entdeckung des Theriacs gelungen. Nur Scharlatane, Kurpfuscher und Zahnbrecher auf den mittelalterlichen Märkten versuchten, der gaffenden Menge selbstgemischten Theriac zu horrenden Preisen zu verkaufen. Der „echte" Theriac blieb ein unerfüllter Traum der Medizin.

Die Doctores erkannten jedoch die Bedeutung des Knoblauchs als Universalmittel für den Hausgebrauch. Sie nannten ihn daher den „Theriac der Bauern" oder „Armen-Theriac".

Galenus und seine Nachfolger teilten die Pflanzen nach dem Geschmack und dem Ort ihres Vorkommens in warme, heiße, feuchte, trockene usw. ein. Knoblauch ist danach warm und trocken im vierten Grad. Von Vitaminen, Mineralien und ätherischen Ölen hatten die Alten natürlich keine Ahnung.

Dennoch werden einige ihrer Erkenntnisse von der modernen Medizin be-

stätigt. Knoblauch enthält die Vitamine A, B1 und C, die Mineralstoffe Jod und Kieselsäure sowie das ätherische Öl Allicin (das u. a. aus dem Eiweißbaustein Cystein und aktivem Schwefel besteht). Die Mediziner von heute sind sich darüber einig, daß Knoblauch Verdauung und Stoffwechsel anregt, den Blutdruck senkt und die Durchblutung der Herzkranzgefäße verbessert. Das Allicin wirkt entzündungshemmend, schleimlösend und harntreibend.

Bleibt als Resümee gesundheitlicher Aspekte das Beispiel der knoblauchkauenden Hirten und Bauern aus Bulgarien: Sie riechen zwar etwas streng, werden aber über hundert Jahre alt.

5000 Jahre Knoblauchduft

Ursprünglich kommt der Knoblauch aus Zentralasien, ist heute aber über die ganze Welt verbreitet. Seit mehr als 5000 Jahren wird er angebaut und gegessen. Er ist eine der ältesten Kulturpflanzen der Menschen.

Die erste schriftliche Kunde vom Knoblauch stammt von babylonischen Tontäfelchen. Sie berichten, daß ein König von Babylon im Jahr 751 v. Chr. große Mengen Knoblauch im königlichen Garten gepflanzt hatte, und zwar ausschließlich für seinen persönlichen Bedarf.

Aus dem 5. vorchristlichen Jahrhundert ist überliefert, daß die Sklaven, die die ägyptischen Pyramiden bauten, Anspruch auf eine tägliche Ration von einem Pfund Knoblauch hatten.

Auch die Bibel berichtet vom Knoblauch im 4. Buch Moses, 11. Kapitel:

Moses hatte das Volk Israel aus Ägypten geführt. Damit es in der Wüste nicht verhungere, ließ Gott das Manna mit dem Morgentau hernieder. Die Juden fingen alles mögliche mit dem Manna an. Sie zerrieben es in Mühlen und Mörsern, kochten es in Töpfen zu einem Brei oder buken Aschenkuchen daraus. Kulinarisch schien das Ganze allerdings unbefriedigend gewesen zu sein. Jedenfalls motzten die Kinder Israels ihren Führer Moses an: „Wir gedenken der Fische, die wir in Ägypten umsonst aßen, der Kürbisse, Melonen, des Lauchs, der Zwiebeln und vor allem des Knoblauchs!“ Moses gab die Beschwerde an den Herrn weiter. „Da ergrimmte der Zorn des Herrn sehr, und Mose ward auch bange.“ War ja auch ziemlich undankbar.

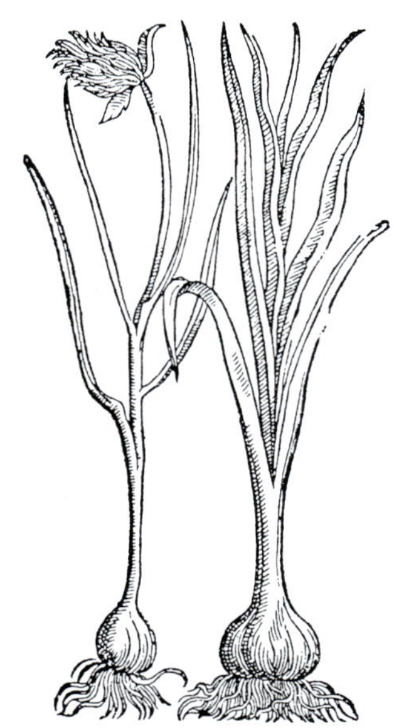

Knoblauchpflanze aus dem Kräuterbuch des Leonhard Fuchs, 1543

Um die Zeitenwende pries der römische Dichter Ovid den Knoblauch in seinem Epos „Die Freuden des Landlebens“. Sein Kollege Vergil hatte schon vorher in einem Gedicht den Schnittern auf dem Feld empfohlen, Knoblauch zu essen, weil dies die Arbeit unter stechender Sonne erleichtere.

In einem Gesetz erscheint der Knoblauch erstmals im Jahr 812. Kaiser Karl der Große erließ da die Verordnung „Capitulare de villis imperialibus“, mit der der Anbau von 70 Gemüse- und Heilpflanzen sowie Obstbäumen für alle kaiserlichen Güter angeordnet wurde. Der Knoblauch war natürlich dabei.

Nach dieser Liste wurden später auch die Kräuter- und Gemüsegärten aller Klöster im Reich angelegt.

Kaiser Friedrich II. erließ 1224 ein Edikt, das für die damals gerade erst eingerichteten Apotheken in Italien den Umgang mit Heilpflanzen, unter anderen dem Knoblauch, vorschrieb. In die erste deutsche Apotheke kam die Duftknolle in getrockneter Form erst 1343.

Und heute? Nur noch langweilige Lebensmittelgesetze und EG-Verordnungen, die vorschreiben, in welcher Form Knoblauch in den Handel gelangen darf: als Knoblauchknolle, Knoblauchpulver, Knoblauchsalz (Mischung aus 2/3 Salz und 1/3 Knoblauchpulver), Knoblauchessenz, Knoblauchsaft und Knoblauchöl.

Knoblauch – geliebt und gehaßt

Frankfurt 1997. In einem Bankhochhaus fährt der Lift nach unten. Die Kabine ist rammelvoll. Sekretärinnen, Jungbanker mit Köfferchen, Abteilungsleiter. Gemurmel im Lift: „Das ist ja nicht auszuhalten!“ – „Drückt mal wer den Lüftungsknopf?“ – „Manche Leute sind wirklich 'ne Zumutung!“ Einige Damen zücken ihr Taschentüchlein, andere blicken hilfesuchend an den Edelstahlwänden der Kabine hoch. Endlich hält der Lift im Erdgeschoß. Erleichtert quillt die Menge aus der Kabine. Langsam steigen auch zwei ältere, soignierte Herren aus: graue Schläfen, Designeranzüge und Maßschuhe. Typische Banker der alten Schule. Verklärt lächelt der eine den anderen an:

„Ich geb einen aus, wenn du mir deinen Geheimtip verrätst, dieses kleine Provence-Restaurant in Bockenheim. So, wie du nach Knofel duftest, muß es fantastisch sein!“

Immer wieder treffen enthusiastische Liebhaber des Knoblauchs auf seine militanten Gegner. Das ist schon seit 5000 Jahren so. Einerseits nannte der griechische Philosoph Pythagoras den Knoblauch den König aller Gewürze, andererseits war jedem Griechen, der nach Knoblauch müffelte, das Betreten des Aphrodite-Tempels verboten.

Der berühmt-berüchtigte „Knofel“ hat seinen Namen vom althochdeutschen „klobelouh“, was „zerklüftete Zwiebel“ heißt. Er ist das „enfant terrible“ der Zwiebelfamilie, penetrant, verführerisch, delikat, heiß geliebt, abgrundtief gehaßt. Als eine der weltweit verbreiteten Gewürzpflanzen taucht er überall dort auf, wo man gut ißt. Besonders in subtropischen Ländern ist er vom täglichen Speisezettel nicht wegzudenken.

Freilich: So köstlich alle Speisen mit der richtigen Dosis Knoblauch duften und schmecken, so unangenehm ist vielen Menschen der Geruch, den man nach Genuß einer solchen Speise mindestens einen Tag lang nicht los wird. Schuld daran ist das ätherische Öl Allicin im Knoblauch. Es sorgt nicht nur für das besondere Würzaroma an den Gerichten, sondern wird sowohl über die Atemluft als auch durch die Poren der Haut ausgeschieden.

Für die Intensität der „Duftwolke" spielt natürlich zunächst die genossene Menge an Knoblauch eine Rolle. Entscheidend ist aber auch das Alter der Knollen (frischer Knoblauch riecht weniger intensiv). Schließlich kommt es noch auf die persönliche Veranlagung des Knoblauchliebhabers an – manche sagen sogar, auf seine Tagesform.

Allheilmittel gegen Knoblauchduft?

Wo ist der Theriac gegen den Bauern-Theriac?

Zu allen Zeiten haben die Menschen darüber nachgedacht, wie sie die eigene Lust am Knoblauch für ihre Umgebung erträglicher machen könnten: Der Römer Plinius empfiehlt, Knoblauch bei Vollmond zu pflanzen, er hätte dann später weniger intensiven Geruch. Leonhard Fuchs schreibt: „Weinrautenblätter grün zerkäuet und gessen, nemmen den Gestanck deß Knoblauchs gewaltig hinweg."

In Italien zerkaut man ein paar Gewürznelken nach einem üppigen Knoblauchmahl, in Marokko schwört man stattdessen auf zerbissene Kardamom-Kapseln. In Rußland nimmt man Milch, Joghurt oder Kefir gegen den „Duft danach". An frisch zerkaute Petersilien- oder Minzenblätter glaubt man in der Türkei. Ein altes deutsches Hausmittel empfiehlt Kartoffelpürree. Ein frischer Apfel ist der Tip aus Österreich. Am leichtesten machen sich's die Franzosen: Sie trinken ein paar Gläser Rotwein nach (und der steht sowieso auf dem Tisch).

Seien wir ehrlich: Es gibt nichts, was den Geruch von Knoblauch sofort und ganz nimmt. Am besten ist immer noch, wenn man zu zweit oder im Freundeskreis speist. Dann essen alle Knoblauch oder keiner. Am nächsten Tag sind sicher ein heißes Bad oder die Sauna, frische Wäsche und das Auslüften bei einem Spaziergang sehr nützlich.

Wer den Duft des Knoblauchs ganz vermeiden möchte, dem ist nur eines zu raten: keinen Knoblauch zu essen. Aber wer möchte das schon?

Der Knoblau

Im Frühjahr gibt es frische Knoblauchknollen. Ihre Zehen sind kleiner, zarter und milder im Geschmack. Die Häutchen sind dünn, aber schwer abzuziehen! Frische Knoblauchzehen lassen sich samt Haut pressen.

Die Knoblauchknolle oder -zwiebel setzt sich aus mehreren Tochterzwiebeln, den Zehen zusammen. Jede Zehe ist von einer trockenen, weißen bis rötlichen Schale umschlossen. So dekorativ die Zöpfe aus ganzen Knoblauchzwiebeln auch sind, Sie sollten bei normalem Knoblauchverbrauch nur einzelne Zwiebeln kaufen, damit Sie immer pralle, saftige Zehen zur Verfügung haben.

Wie gesund und alt Sie durch Knoblauch werden, ist ein anderes Thema, fest stehen jedenfalls seine Nährwerte.

100g Knoblauch enthalten:
Kilokalorien 142, Kilojoule 593,
Eiweiß/g 6,5, Kohlenhydrate/g 28,5,
Fett/g 0,12, Ballaststoffe/g 1,8.

Die reinweißen Sorten kommen hauptsächlich aus Italien, Spanien und auch aus Frankreich.

Der rosafarbene Knoblauch aus Frankreich gilt als der mildeste und feinste und ist besonders lange haltbar.

ch an sich

Seit einigen Jahren wird junger Knoblauch auch bei uns angeboten. Er sieht wie feinste Frühlingszwiebeln aus, ist zartrosa oder etwas violett gefärbt. Geputzt und gewaschen wird er roh zu Gegrilltem oder zur Kalten Platte gegessen. Eventuell in Salz dippen.

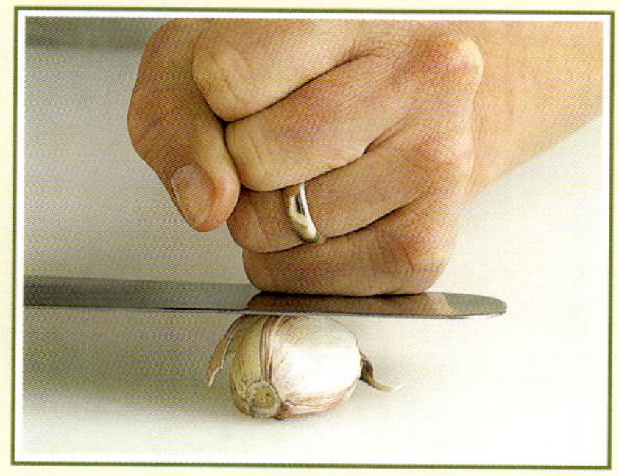

Knoblauch abziehen:
Die Zehe unter die Klinge eines schweren Messers legen. Mit der Faust auf die Klinge schlagen, damit die feste Haut der Knoblauchzehe platzt. Danach läßt sie sich ohne Mühe entfernen.

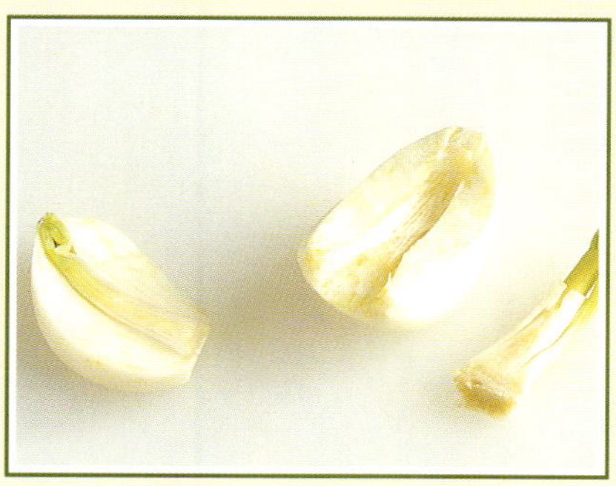

Ältere Knoblauchzwiebeln beginnen auszutreiben. Sie sehen das sofort beim Halbieren der Zehe. Der zartgrüne Trieb muß entfernt werden, er macht sonst den Knoblauch bitter und penetrant.

Ohne großen Aufwand lassen sich frische Knoblauchzehen mit einer dicken Messerklinge zerquetschen. Streuen Sie etwas Salz dazu, dann rutscht der Knoblauch nicht weg.

Ältere Zehen, die sich mit dem Messer nicht so gut quetschen lassen, oder größere Mengen stampft man am besten im Mörser. Geben Sie die Zehen nacheinander hinein.

Eine Knoblauchpresse wie diese ist praktisch, weil die Zähnchen im Griff die Rückstände nach dem Pressen aus den Löchern drücken. So ist das Gerät sofort wieder sauber.

Tip

Wenn Sie nicht auf Knoblauch beißen wollen, aber sein Aroma mögen, reiben Sie z. B. die Salatschüssel nur mit einer aufgeschnittenen Knoblauchzehe aus. Bei Pfannengerichten braten Sie die geschälten Zehen im ganzen mit und entfernen sie vor dem Servieren. Beim Garen in Flüssigkeit können geschälte, halbierte Zehen, in Mull gebunden, mitgekocht und danach entfernt werden.

Die transsilvanisch

e Knoblauchküche

Die rumänische Bäuerin, die hier Knoblauch verkauft, braucht sich vor Vampiren nicht zu fürchten, und sie macht bestimmt kein schlechtes Geschäft. Denn Knoblauch, möglichst eine ganze Knolle pro Person, wird in vielen Rezepten der Region empfohlen.

Das klassische „Dracula-Land" ist zwar Rumänien. Ähnlich intensiven Knoblauchgenuß finden wir aber auch in benachbarten Ländern und nach Südrußland hinein. „Transsilvanien" reicht mit seiner Knoblauchküche von Bulgarien über Rumänien, Armenien, Georgien bis Usbekistan und ließe sich noch ausdehnen.

So urige Landstriche bringen einfache, aber deftige Gerichte hervor. Herzhaftes, bei dem so viel Knoblauch eher eine Zutat als ein Gewürz ist ...

Sie werden fragen, wie man das alles ißt und verträgt. Die Antwort unserer russischen Beraterin heißt: „Wodka!" Wir empfehlen allerdings, die Stellenwerte auszutauschen, denn in jenen Ländern werden Knoblauchgerichte als Beilage zum „Wässerchen" gereicht.

Eingelegter Knoblauch und Bärlauch

einfach, braucht Zeit

2 Monate marinieren.

Eingelegter Knoblauch

- 1 kg Knoblauchknollen
- 2 EL Salz
- 2 EL Zucker
- 6 Gewürznelken
- 1/2 Stange Zimt
- 1 TL schwarze Pfefferkörner
- 1 EL Essig

Für roten Knoblauch

- zusätzlich 1 Rote Bete

5–7 Tage marinieren.

Eingelegter Bärlauch

- 60 Bärlauchstiele
- 1 1/2 EL Salz
- 1 EL Zucker
- 150 ml Essig

Eingelegter Knoblauch

Die Knoblauchknollen waschen, putzen, aber nur die äußersten Blätter entfernen – die Zehen dürfen nicht auseinanderfallen!

600 ml Wasser mit Salz, Zucker, Nelken, Zimt und Pfefferkörnern 10 Minuten aufkochen. Dann vom Herd nehmen und den Essig zugeben. Die Knoblauchknollen in ein hohes Einmachglas schichten und mit dem Sud übergießen. Die Knollen müssen ganz bedeckt sein.

Für rote Knoblauchknollen: Die Rote Bete schälen, würfeln und mit dem Essig zuletzt in den Sud geben.

Das Glas verschließen und den Knoblauch an einem kühlen Ort 2 Monate marinieren lassen.

Nährwerte insgesamt
Kilokalorien 1350, Kilojoule 5650, Eiweiß/g 53, Kohlenhydrate/g 277, Fett/g 1, Ballaststoffe/g 15,8

Eingelegter Bärlauch

Die Blütenstiele vom Bärlauch an beiden Enden beschneiden, waschen, das Wasser abgießen und die Stiele 2 Stunden in frisches, kaltes Wasser legen, um ihnen Bitterstoffe zu entziehen.

1 Liter Wasser mit Salz, Zucker und Essig aufkochen und auf Zimmertemperatur abkühlen lassen.

Jeweils 10 oder 20 Bärlauchstiele mit einem Faden bündeln, in ein hohes Glas stellen und den lauwarmen Sud angießen. Die Stiele müssen ganz bedeckt sein. Die Bärlauchstiele 5 bis 7 Tage im Kühlschrank marinieren lassen. Nach 5 Tagen zum ersten Mal probieren.

Eingelegter Knoblauch und Bärlauch sind sehr dekorativ und schmecken gut zu warmen und kalten Fleischgerichten und zu Kalten Platten.

Nährwerte insgesamt
Kilokalorien 110, Kilojoule 460, Eiweiß/g 5, Kohlenhydrate/g 21, Fett/g 0, Ballaststoffe/g 4,4

Eingelegter Bärlauch ist ursprünglich eine Spezialität der Tataren. In Rußland nennt man ihn wilden Knoblauch, und er wird auf allen Märkten angeboten. Auch bei uns kann man Bärlauch von April bis Juni in schattigen Laubwäldern finden. Er duftet weithin intensiv nach Knoblauch. Bekannter als das Sammeln und Einlegen der Blütenstiele ist bei uns die Verwendung der jungen Blätter in Kräutermischungen.

Eine wahre Vampirscheuche aus Georgien. Mit Weißbrot als Vorspeise servieren oder zu einer Kalten Platte.

Auberginen mit Knoblauch-Nuß-Creme

Am Vortag zubereiten.

einfach, braucht Zeit
8 Portionen

- 4 lange, schlanke Auberginen (in griechischen/türkischen Geschäften)
- Salz
- 2 Schalotten
- 5 Knoblauchzehen
- 1/2 Bund Koriandergrün
- 1/2 Bund glatte Petersilie
- 200 g Mayonnaise
- 200 g Crème fraîche
- 100 g gemahlene Haselnüsse

Von den Auberginen lediglich den Stielansatz abschneiden.

3 Liter Wasser mit 6 Eßlöffel Salz aufkochen, die Auberginen einlegen, mit dem Deckel halb verschließen und die Auberginen 20 bis 30 Minuten kochen lassen. Die Früchte immer wieder drehen und untereinander im Topf austauschen, weil sie nach oben steigen. Die Auberginen zur Garprobe anstechen. Die weichen Früchte aus dem Wasser heben und zwischen 2 Brettern gut beschweren. Die Auberginen 15 Minuten zwischen den Brettern ruhen lassen, damit sie möglichst viel Wasser verlieren. Sie werden dabei zu flachen Scheiben gepreßt.

Inzwischen die Schalotten und die Knoblauchzehen abziehen und sehr fein hacken. Koriandergrün und Petersilie waschen, trockenschütteln und die Blätter ebenfalls fein hacken. Mayonnaise und Crème fraîche verrühren. Schalotten, Knoblauch, Kräuter und gemahlene Haselnüsse untermischen und die Creme vorsichtig mit Salz abschmecken.

Die Auberginen in der Mitte waagrecht bis auf 3 cm einschneiden und mit der Knoblauch-Nuß-Creme füllen. Auf eine Platte legen und mögliche restliche Nußcreme darüberstreichen. Die Auberginen mit Frischhaltefolie abdecken und 1 Tag im Kühlschrank ziehen lassen. Sie halten sich gut weitere 2 Tage.

Nährwerte pro Portion
Kilokalorien 350, Kilojoule 1470, Eiweiß/g 4, Kohlenhydrate/g 5, Fett/g 36, Ballaststoffe/g 2,9

Eingelegter Weißkohl

3 Tage marinieren.

einfach, braucht Zeit
8 Portionen

- 1 kleiner Kopf Weißkohl
- 1 Rote Bete
- 1 große Möhre
- 1 große Petersilienwurzel
- 1 Knolle Knoblauch
- Salz
- 4 rote Chilischoten
- 3–4 EL Weinessig
- 1/2 l Rote-Bete-Saft

Den Kohl putzen, waschen in 6 bis 8 Spalten schneiden und den Strunk nur teilweise entfernen, damit die Blätter nicht auseinanderfallen.

Alle Gemüse putzen und schälen. Rote-Bete in Spalten, Möhre und Petersilienwurzel in dicke Scheiben schneiden. Den Knoblauch abziehen und große Zehen halbieren.

2 Liter Wasser mit 4 Eßlöffel Salz aufkochen, die Chilischoten zugeben und 10 Minuten kochen lassen.

In ein Gefäß aus Glas, Steingut oder glasiertem Ton Weißkohl, Gemüse und Knoblauch abwechselnd einschichten.

Den kochenden Sud vom Herd nehmen und mit Essig und Rote-Bete-Saft mischen. Den Sud über das Gemüse gießen und einen Teller mit Gewicht (Stein) zum Beschweren auflegen. Den Weißkohl 3 Tage marinieren lassen. Er hält sich im Kühlschrank 2 bis 3 Wochen.

Nährwerte pro Portion
Kilokalorien 60, Kilojoule 250, Eiweiß/g 3, Kohlenhydrate/g 11, Fett/g 0, Ballaststoffe/g 3,6

Eingelegter Weißkohl ist sehr pikant und schmeckt gut zu Kalten Platten, Fleisch und Grilladen.

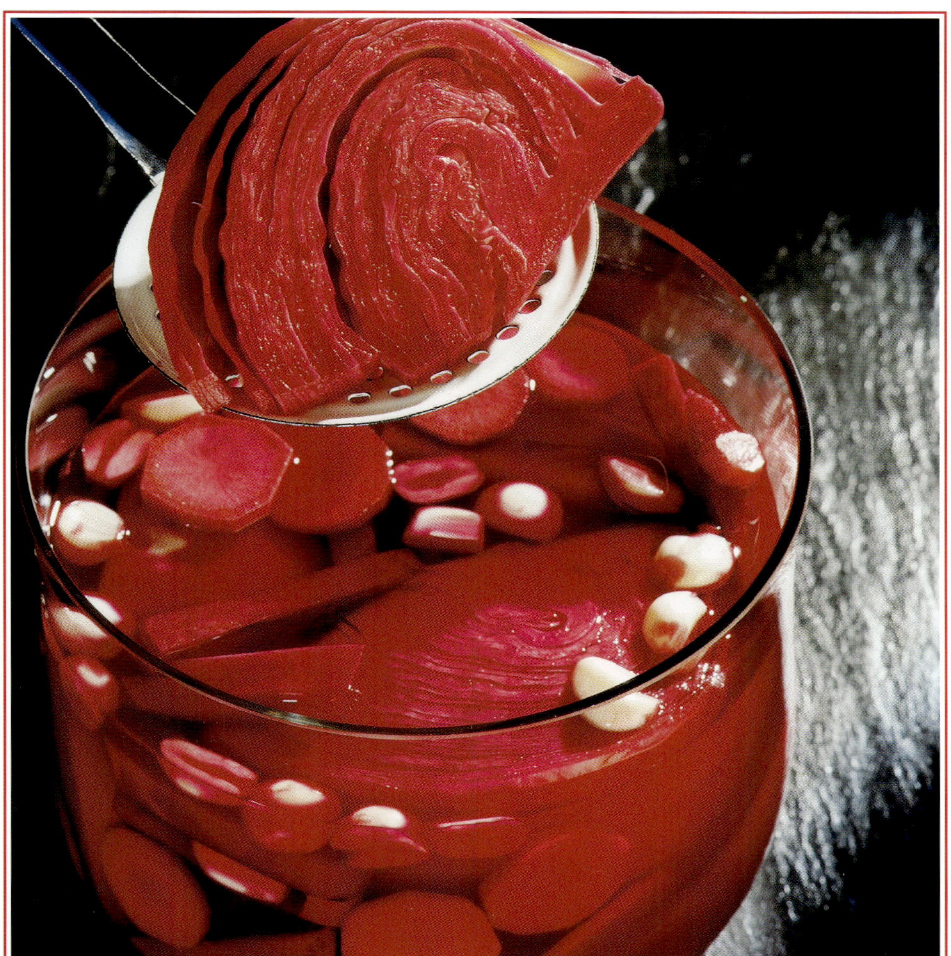

Walnuß-Hühner-Paste schmeckt am besten, wenn sie ein paar Stunden gezogen hat. Mit Brot als Vorspeise servieren oder als Häppchen auf Schwarzbrotcroûtons zum Wein. Im Kaukasus, woher das Rezept stammt, trinkt man natürlich Wodka dazu.

Walnuß-Hühner-Paste

einfach, braucht Zeit
8 Portionen

- 1 große Poularde, ca. 1,3 kg
- 4 Zwiebeln
- 1 Bund Suppengrün
- 1 TL schwarze Pfefferkörner
- Salz
- 500 g Walnußkerne
- 6 Knoblauchzehen
- 2 kleine rote Chilischoten
- 1 Bund Koriandergrün
- 2 EL milder Weinessig

Die Poularde gründlich waschen, in einem Topf knapp mit Wasser bedecken und zum Kochen bringen.

1 Zwiebel waschen und halbieren, das Suppengrün waschen und beides in den Topf geben. Die Pfefferkörner und 1 Teelöffel Salz zugeben und die Poularde in etwa 50 Minuten weichkochen.

Das fertige Huhn aus dem Topf heben und etwas abkühlen lassen. Die Brühe durch ein Sieb in eine weite Schüssel gießen und möglichst schnell kühlen, um das Fett abheben zu können. Das lauwarme Huhn häuten, entbeinen und das Fleisch sehr fein hacken.

Die restlichen 3 Zwiebeln abziehen und sehr fein hacken. Die Walnußkerne so fein wie möglich hacken oder in der Küchenmaschine grob mahlen. Die Knoblauchzehen abziehen, die Chilischoten putzen und entkernen und beides miteinander sehr fein hacken. Den Koriander waschen, trockenschütteln und die Blätter fein hacken.

Das Fett von der Hühnerbrühe abheben und in einer Pfanne erhitzen. Die Zwiebeln darin weichdünsten. 1/8 Liter Hühnerbrühe wieder erhitzen.

In einer weiten Schüssel die gedünsteten Zwiebeln, Walnußkerne, Knoblauch und Chilischoten vermischen und nach und nach soviel heiße Brühe einrühren, daß die Masse bindet und cremig wird. Das gehackte Hühnerfleisch zugeben, evtl. noch etwas Brühe einrühren und die Paste mit Salz abschmecken.

Zuletzt den gehackten Koriander untermischen, die Paste mit Essig abschmecken und mit Frischhaltefolie bedecken.

Nährwerte pro Portion
Kilokalorien 580, Kilojoule 2450, Eiweiß/g 29, Kohlenhydrate/g 8, Fett/g 49, Ballaststoffe/g 4,4

Eingelegte Paprikaschoten

1 Tag marinieren.

einfach, braucht Zeit
4 Portionen

- 4 große rote Paprikaschoten
- 1/8 l Essig
- 1/8 l Wasser
- 1 EL Salz
- frisch gemahlener schwarzer Pfeffer
- 4 Knoblauchzehen
- 200 ml Olivenöl

Den Backofen auf 180°C vorheizen. Die Schoten auf ein Backblech legen und etwa 15 Minuten im Ofen rösten, dabei gelegentlich wenden. Die rundum gerösteten Paprikaschoten in ein kaltes feuchtes Tuch wickeln und 5 Minuten liegen lassen.

Dann die verkohlte Schale mit dem Tuch abreiben und Schalenreste abzupfen. Danach erst die Stiele mit den Kernen herausziehen.

Essig, Wasser, Salz und Pfeffer in einer weiten Schüssel schlagen, bis sich das Salz aufgelöst hat. Die Paprikaschoten einlegen, in der Marinade wenden und in der zugedeckten Schüssel 2 bis 3 Stunden marinieren lassen. Währenddessen die Paprikaschoten einige Male wenden.

Die Knoblauchzehen abziehen und quer in dünne Scheiben schneiden. Die Paprikaschoten aus der Marinade heben, abtropfen lassen und in eine tiefe Platte legen. Mit dem Knoblauch gut vermischen und mit dem Olivenöl übergießen. Die Platte mit Frischhaltefolie abdecken, und die Schoten im Kühlschrank über Nacht ziehen lassen.

Die eingelegten Paprikaschoten mit Käse, Oliven und Brot als kleinen Imbiß reichen oder als Beilage zu Hackfleischgerichten und Grilladen.

Nährwerte pro Portion
Kilokalorien 270, Kilojoule 1130, Eiweiß/g 2, Kohlenhydrate/g 6, Fett/g 25, Ballaststoffe/g 6,1

Nicht nur in Armenien halten die Hausfrauen solche Gemüse auf Vorrat.

Eingelegtes Gemüse mit Knoblauch

Mehrere Tage ziehen lassen.

einfach, braucht Zeit
je 1 großes Glas

Eingelegte Tomaten
- 1 kg reife Strauchtomaten
- 1 Knolle Knoblauch
- 1/2 Sellerieknolle
- 1 Bund glatte Petersilie
- 4 kleine Chilischoten
- Salz

Dillgurken
- 1 kg kleine Gurken
- 10 Knoblauchzehen
- 1 Bund Dill
- Salz

Eingelegte Tomaten

Die Tomaten entstielen, waschen und trocknen. Jede Frucht mit einer Gabel 5 bis 6mal einstechen.

Den Knoblauch abziehen und große Zehen halbieren. Den Sellerie schälen, erst in dicke Scheiben, dann in große Stück schneiden. Die Petersilie verlesen und waschen. Die Chilischoten waschen und einritzen.

3 Liter Wasser mit 6 Eßlöffel Salz aufkochen und etwas abkühlen lassen.

Einige Tomaten auf den Boden eines hohen Glasgefäßes legen. Etwas Knoblauch, Sellerie, 2 Petersilienzweige und 1 Chilischote zugeben und wieder Tomaten auflegen. Abwechselnd alle Zutaten einschichten.

Das warme Salzwasser einfüllen, so daß alles bedeckt ist. Einen Teller auf die Tomaten legen, damit alle Zutaten unter Wasser gehalten werden. Das Gefäß mit seinem Deckel oder mit Frischhaltefolie verschließen, und die Tomaten 6 Tage bei Zimmertemperatur stehen lassen. Danach im Kühlschrank aufbewahren.

Nährwerte insgesamt
Kilokalorien 260, Kilojoule 1130, Eiweiß/g 15, Kohlenhydrate/g 43, Fett/g 3, Ballaststoffe/g 16,3

Dillgurken

Die Gurken putzen und waschen. Die Knoblauchzehen abziehen. Den Dill verlesen und waschen. Auf den Boden eines hohen Glases einige Knoblauchzehen und einen Dillzweig legen und die Gurken mit dem restlichen Knoblauch und dem Dill einschichten. Soviel Wasser auffüllen, daß die Gurken bedeckt sind und die Wassermenge dabei abmessen. Pro 1/4 Liter Was-

ser 1 gehäuften Teelöffel Salz zugeben und das Glas verschließen.

Die Gurken so viele Tage an die Sonne stellen, bis sich ihre Farbe ändert. Dann im Kühlschrank aufbewahren.

Nährwerte insgesamt
Kilokalorien 140, Kilojoule 590, Eiweiß/g 7, Kohlenhydrate/g 23, Fett/g 2, Ballaststoffe/g 5,5

Marinierte Champignons

Mindestens 3 Tage im voraus zubereiten.

einfach, braucht Zeit
6 Portionen

- 500 g frische Champignons
- 1 Bund Dill
- 1/3 l weißer Weinessig
- 1 TL getrockneter Thymian
- 2 Lorbeerblätter
- 1/2 TL schwarze Pfefferkörner
- 1 TL Salz
- 4 Knoblauchzehen
- Olivenöl

Pilze putzen und abreiben. Die Stiele daranlassen, nur angetrocknete Stielenden abschneiden.

Den Dill putzen und waschen. Einige Dillspitzen abschneiden und auf Küchenpapier gut trocknen. Restlichen Dill im ganzen zugeben.

Essig, 2/3 Liter Wasser, Kräuter und Gewürze (außer dem Knoblauch) zum Kochen bringen. Die Champignons hineingeben und den Sud wieder aufkochen lassen.

Nach 5 Minuten vom Herd nehmen. Die Pilze weitere 20 Minuten im verschlossenen Topf ziehen lassen.

Den Sud abgießen, die Pilze im Sieb abtropfen und auskühlen lassen. Die Dillstengel entfernen. Den Knoblauch abziehen und jede Zehe in 3 bis 4 Stifte schneiden. Ausgekühlte Pilze und Knoblauchstifte abwechselnd in ein sauberes Glas füllen. Frische Dillspitzen und die Lorbeerblätter dazwischen streuen.

Mit Öl aufgießen, bis alle Champignons bedeckt sind. Das Glas fest verschließen.

Nach einigen Tagen haben die Champignons schon ein wunderbares Aroma – sie halten sich so bis zu 4 Monate.

Nährwerte pro Portion
Kilokalorien 320, Kilojoule 1360, Eiweiß/g 2, Kohlenhydrate/g 1, Fett/g 33, Ballaststoffe/g 1,7

Der Auberginensalat kann nach dem Abkühlen gleich serviert oder eingefroren werden. Oder Sie schichten die Scheiben samt den Gewürzen in ein Glas und bedecken den Salat mit Öl.

Gebratener Auberginen-salat

einfach, braucht Zeit zum Einfrieren
6 Portionen

- 1 kg kleine Auberginen
- Salz

Marinade
- 40 g kleine bunte Chilischoten
- 5 Knoblauchzehen
- 150 ml milder Weinessig
- 3 EL Wasser

- Öl zum Fritieren und evtl. zum Einlegen
- 100 g Mehl

Die Auberginen putzen und waschen. Ungeschält der Länge nach in 1 cm dicke Scheiben schneiden. Die Auberginen in einen Durchschlag legen, mit 2 Eßlöffel Salz bestreuen und 30 Minuten Wasser ziehen lassen. Dann die Scheiben mit der flachen Hand vorsichtig ausdrücken und zwischen Küchenpapier trocknen.

Für die Marinade die Chilischoten putzen, waschen, entkernen und fein hacken. Die Knoblauchzehen abziehen und fein hacken. Beides mit Essig und Wasser verrühren und die Marinade auf eine große Platte geben.

Reichlich Öl in der Friteuse auf 180°C oder in einer Pfanne mit hohem Rand erhitzen. Die Auberginenscheiben mit Mehl bestäuben, portionsweise goldgelb fritieren und auf Küchenpapier abtropfen lassen. Die fritierten Scheiben noch heiß in die Marinade legen und wenden.

Nährwerte pro Portion
Kilokalorien 240, Kilojoule 1020, Eiweiß/g 4, Kohlenhydrate/g 17, Fett/g 17, Ballaststoffe/g 4,4

Armenischer Zwiebeltopf

einfach, braucht Zeit
4 Portionen

- 4 Zwiebeln à 200 g
- 300 ml Weißwein
- 2 Knoblauchzehen
- 300 g gemischtes Hackfleisch
- 75 g gekochter Reis oder 30 g roher Reis
- 1 Ei
- 1 TL Majoran
- Salz
- frisch gemahlener Pfeffer
- 300 ml Fleischbrühe
- 200 g saure Sahne
- 1 TL Mondamin
- 1 Bund Schnittlauch

Die Zwiebeln abziehen. Nebeneinander in einen Topf setzen und den Weißwein angießen. Zugedeckt bei mittlerer Hitze 15 Minuten halbgar dünsten.

Mit einem Schaumlöffel die Zwiebeln aus der Garflüssigkeit heben und etwas abkühlen lassen.

Die Zwiebeln mit einem Löffel bis auf die zwei äußeren Schichten aushöhlen. Das Zwiebelinnere grob würfeln und beiseite stellen.

Die Knoblauchzehen abziehen und fein hacken. Das Hackfleisch mit dem gekochten Reis (rohen mit etwas Wasser in 20 Minuten garen), dem Ei, dem Knoblauch, dem Majoran, Salz und Pfeffer gut vermischen. Die ausgehöhlten Zwiebeln mit der Hackfleischmasse füllen. Von der restlichen Masse kleine Klößchen formen.

Die Fleischbrühe in den Topf zur Zwiebelbrühe geben und zum Kochen bringen. Die gefüllten Zwiebeln mit dem Schaumlöffel hineinsetzen, die Klößchen und das gehackte Zwiebelfleisch beifügen. Kräftig mit frisch gemahlenem Pfeffer und etwas Salz würzen.

Alles bei kleiner Hitze zugedeckt 20 Minuten köcheln.

Die saure Sahne und Mondamin mit dem Schneebesen verrühren, in die Brühe rühren und noch einmal aufkochen.

Den Schnittlauch waschen, trockentupfen und fein hacken. Vor dem Servieren über die Suppe streuen.

Nährwerte pro Portion
Kilokalorien 340, Kilojoule 1420, Eiweiß/g 20, Kohlenhydrate/g 16, Fett/g 21, Ballaststoffe/g 3,9

Dieser Eintopf ist ideal zur Verwertung von Reisresten. Frisches Brot dazu reichen.

Tarator ist eine bulgarische Spezialität und eine herrliche Suppe an heißen Sommertagen.

Tarator

einfach, braucht Zeit
4 Portionen

- 1 Salatgurke
- Salz
- 40 g Walnußkerne
- 2 Knoblauchzehen
- 1 kleines Bund Dill
- 500 g Vollmilchjoghurt
- 2 EL Olivenöl
- 4 EL zerstoßene Eiswürfel

Die Gurke schälen, in Längsrichtung halbieren und die Kerne mit einem Teelöffel ausschaben. Das Gurkenfleisch in kleine Würfelchen schneiden und in einer Schüssel mit 1 Teelöffel Salz bestreuen. Die Gurkenwürfel etwa 15 Minuten Wasser ziehen lassen und dann in einem Sieb kalt spülen. Auf Küchenpapier ausbreiten und gründlich trockentupfen.

Die Walnußkerne fein hacken, den Knoblauch abziehen und ebenfalls fein hacken, den Dill waschen, trockenschütteln und die groben Stengel entfernen. Die Dillspitzen fein hacken.

Die Gurkenwürfel mit den genannten Zutaten und dem Joghurt vermischen. Mit Salz abschmecken und das Olivenöl einrühren.

Tarator auf 4 Suppentassen verteilen und mindestens 1 Stunde in den Kühlschrank stellen, bis sie eiskalt ist. Vor dem Servieren je 1 Eßlöffel zerstoßenes Eis über jede Portion verteilen.

Nährwerte pro Portion
Kilokalorien 220, Kilojoule 920, Eiweiß/g 6, Kohlenhydrate/g 9, Fett/g 17, Ballaststoffe/g 1,4

Bohnensuppe mit geräucherter Schweinshaxe

Am Vorabend die Schweinshaxe und die Bohnen getrennt in lauwarmem Wasser einweichen.

einfach, braucht Zeit
4 Portionen

- 500 g geräucherte Schweinshaxe
- 250 g Feuerbohnen oder andere getrocknete Bohnenkerne
- 2 Knoblauchzehen
- 2 Lorbeerblätter
- 10 Pfefferkörner
- 1 Petersilienwurzel
- 150 g Möhren
- 1 mittelgroße Zwiebel
- 1 EL Öl
- 30 g Mehl
- 1/2 TL Rosenpaprika
- 1/8 l saure Sahne
- 1 EL Zitronensaft oder Essig
- Salz
- 200 g geräucherte Paprikawurst

Die Haxe knapp mit kaltem Wasser bedeckt zum Kochen bringen. Die Knoblauchzehen abziehen und pressen. Ist das Fleisch halb gar, die abgetropften Bohnen, Knoblauch, Lorbeerblätter und Pfefferkörner dazugeben. Petersilienwurzel und Möhren schälen und in Stifte schneiden.

Sind die Bohnen halb gar, das Wurzelwerk zufügen und alles fertig garen.

Die Schweinshaxe aus der Brühe nehmen und das noch warme Fleisch vom Knochen lösen. In kleine Stücke schneiden und in die Brühe zurückgeben.

Die Zwiebel abziehen und sehr fein hacken.

Das Öl in einem Pfännchen erhitzen und das Mehl anschwitzen. Die Zwiebel darin glasig dünsten, mit Paprika bestäuben und mit 1/4 Liter Wasser ablöschen. Glatt verrühren und die Suppe damit binden. Nochmals gut aufkochen.

Zuletzt die saure Sahne einrühren, die Lorbeerblätter entfernen und die Suppe säuerlich abschmecken. Eventuell leicht salzen. Die Paprikawurst in dicke Scheiben schneiden, in die Suppe legen und ziehen lassen.

Nährwerte pro Portion
Kilokalorien 710, Kilojoule 3000, Eiweiß/g 37, Kohlenhydrate/g 41, Fett/g 44, Ballaststoffe/g 14

Kartoffelsuppe mit Käse und Knoblauch-croûtons

einfach
6 Portionen

- 500 g mehlige Kartoffeln
- 1 Stange Lauch
- 2 Möhren
- 1 Petersilienwurzel
- 1/2 kleine Sellerieknolle
- 1 Zwiebel
- 6 Knoblauchzehen
- 3/4 l Fleischbrühe
- 1/4 l Milch
- 200 g Schlagsahne
- 150 g geriebener Hartkäse
- Salz
- weißer Pfeffer
- 1 Messerspitze gerebelter Majoran
- 1 Prise Liebstöckel
- 2 Eigelb
- 1 Bund glatte Petersilie
- 2 große Scheiben Graubrot
- 75 g Butter

Die Kartoffeln waschen, schälen und grob würfeln. Lauch, Möhren, Petersilienwurzel und Sellerie putzen und waschen. Lauch in feine Ringe, das restliche Gemüse in Würfel schneiden. Zwiebel und 4 Knoblauchzehen abziehen und hacken.

Fleischbrühe zum Kochen bringen, Kartoffeln, das Gemüse, Zwiebel und Knoblauch zufügen und im geschlossenen Topf ca. 20 Minuten garen.

Die Suppe beiseite stellen und etwas abkühlen lassen. Anschließend mit dem Pürierstab oder im Mixer pürieren.

Milch und die Hälfte der Sahne in einem kleinen Topf erwärmen. 2/3 des geriebenen Käses einstreuen und unter Rühren schmelzen lassen, dabei nicht kochen. Die Käsesauce in die Suppe einrühren, mit Salz, Pfeffer, Majoran und Liebstöckel abschmecken.

Das Eigelb mit der restlichen Sahne verquirlen und unter die Suppe rühren. Kartoffelsuppe bis kurz vor dem Siedepunkt erhitzen. Sie darf nicht mehr kochen!

Petersilie waschen, mit Küchenpapier trockentupfen, fein hacken und über die Suppe streuen. Das Graubrot in Würfel

schneiden. Restliche Knoblauchzehen abziehen und durchpressen.

Butter in einer Pfanne schmelzen. Brotwürfel zusammen mit dem Knoblauch darin goldbraun anrösten. Die Croûtons und den restlichen Käse auf die Suppe geben und sofort servieren.

Nährwerte pro Portion
Kilokalorien 480, Kilojoule 2006, Eiweiß/g 14, Kohlenhydrate/g 28, Fett/g 32, Ballaststoffe/g 5,6

Knoblauch in der Folie

einfach, Blitzrezept
4 Portionen

- 4 kleine Knoblauchknollen
- Olivenöl zum Bestreichen
- Salz
- frisch gemahlener Pfeffer

Die äußeren, lockeren Schalen von den Knollen entfernen.

4 Stück Alufolie gut mit Olivenöl einstreichen und jeweils 1 Knoblauchknolle daraufsetzen. Etwas Olivenöl über die Knollen träufeln und leicht salzen. Die Folie um die Knoblauchknollen wickeln.

Die Knoblauchpäckchen an den Rand der Glut in die heiße Asche legen und ca. 30 Minuten garen. Oder im vorgeheizten Backofen 25 Minuten bei 220°C backen.

Die Knoblauchknollen aus der Folie wickeln und das weiche Knoblauchfleisch mit dem Messerrücken aus den Schalen drücken. Das Knoblauchmus auf Brotscheiben streichen und mit Salz und Pfeffer würzen oder als Beilage zu gegrilltem Fleisch reichen. (Siehe auch Topinki.)

Nährwerte pro Portion
Kilokalorien 50, Kilojoule 230, Eiweiß/g 3, Kohlenhydrate/g 10, Fett/g 0, Ballaststoffe/g 0,7

Topinki

einfach, Blitzrezept
4 Portionen

- 4 kleine Knoblauchknollen
- Öl
- 8 Graubrotscheiben
- 200 g Schweineschmalz oder Gänseschmalz
- grobes Salz
- frisch gemahlener schwarzer Pfeffer

Die Knoblauchknollen putzen, aber nur die äußeren Blätter entfernen. Die Knollen mit Öl einstreichen und in Alufolie wickeln.

Den Knoblauch unter den Grillrost in die heiße Asche am Rand der Glut legen und je nach Größe 25 bis 30 Minuten garen.

Die Graubrotscheiben kurz von beiden Seiten grillen, ohne daß das Brot zu trocken wird.

Etwas Schmalz und das aus den Knoblauchzehen gedrückte Mus auf die frisch gerösteten Brotscheiben geben und mit Salz und Pfeffer bestreuen. Die Zubereitung ist auch im Backofen möglich, die Brotscheiben können auf der Grillpfanne geröstet werden.

Nährwerte pro Portion
Kilokalorien 690, Kilojoule 2900, Eiweiß/g 8, Kohlenhydrate/g 53, Fett/g 51, Ballaststoffe/g 5

Knoblauch grillen

einfach, Blitzrezept
4 Portionen

- 4 kleine Knoblauchknollen
- Öl
- Salz
- frisch gemahlener Pfeffer

Die Knoblauchknollen putzen oder waschen, falls sie schmutzig sind – aber nicht schälen! Große hohe Knollen waagrecht halbieren, von kleinen oder flachen Knollen das obere Drittel waagrecht abschneiden und die für ein anderes Gericht verwenden. Die Schnittflächen der Knollen mit Öl bestreichen und den Knoblauch am Rand des Grillrostes über die Glut legen. Die Knollen von beiden Seiten grillen, insgesamt etwa 20 Minuten. Zur Garprobe leicht drücken: Der Knoblauch muß nachgeben.

Den Knoblauch zu den anderen Grilladen reichen. Das Knoblauchmus aus den Zehen drücken und leicht salzen und pfeffern.

Nährwerte pro Portion
Kilokalorien 50, Kilojoule 210, Eiweiß/g 2, Kohlenhydrate/g 10, Fett/g 0, Ballaststoffe/g 0,6

Tip

Gegrillter Knoblauch schmeckt herrlich und ist das einfachste Rezept der Welt. Es bietet sich immer an, wenn Sie grillen oder ein Gericht, zu dem Knoblauch paßt, im Backofen zubereiten. *(Siehe Knoblauch in der Folie.)*

Gebackener Auberginen-salat mit Ziegenkäse

einfach, Blitzrezept
4 Portionen

- 750 g Auberginen
- Salz
- 8 EL Olivenöl
- 1/2 Bund glatte Petersilie
- 2 Knoblauchzehen
- frisch gemahlener Pfeffer
- 400 g frischer Ziegenkäse
- 2 EL Weißweinessig
- 2 Zweige Basilikum

Die Auberginen waschen, trockentupfen und in ca. 1/2 cm dicke Scheiben schneiden. Mit Salz bestreuen und 15 Minuten in einem Durchschlag Wasser ziehen lassen, dabei gelegentlich wenden.

Dann die Auberginenscheiben mit Küchenpapier trockentupfen. In einer schweren Eisenpfanne 6 Eßlöffel Olivenöl erhitzen.

Auberginenscheiben darin portionsweise auf beiden Seiten goldgelb braten. Die fertigen Auberginenscheiben herausheben und auf Küchenpapier abtropfen und etwas abkühlen lassen.

Die Petersilie waschen und trockenschütteln. Die Knoblauchzehen abziehen. Beides fein hacken.

Auberginenscheiben auf 4 feuerfeste Teller verteilen. Petersilie und Knoblauch darüber streuen.

Den Ziegenkäse in dünne Scheiben schneiden und auf die Auberginen legen. Käse mit dem restlichen Olivenöl beträufeln und kräftig mit Pfeffer würzen. Im vorgeheizten Backofen bei 200°C ca. 5 Minuten backen.

Aus dem Ofen nehmen, mit dem Weißweinessig beträufeln, mit gezupften Basilikumblättchen garnieren und heiß servieren.

Als Beilage Pitabrot reichen.

Nährwerte pro Portion
Kilokalorien 530, Kilojoule 2200, Eiweiß/g 19, Kohlenhydrate/g 7, Fett/g 44, Ballaststoffe/g 2,3

Bohnensalat mit Knoblauch

einfach, braucht Zeit
4 Portionen

- 400 g dicke weiße Bohnen
- Salz
- 4 Knoblauchzehen
- 4 nicht zu scharfe rote Chilischoten
- 4 Frühlingszwiebeln
- 1/2 Bund Koriandergrün (ersatzweise glatte Petersilie)
- 4 EL Essig
- 8 EL Olivenöl
- frisch gemahlener schwarzer Pfeffer

Die Bohnen über Nacht oder mehrere Stunden mit Wasser bedeckt quellen lassen und dann mit dem Einweichwasser zum Kochen bringen. Die Bohnen ca. 1 Stunde köcheln lassen und erst salzen, wenn sie weich werden.

Inzwischen die Knoblauchzehen abziehen und der Länge nach in Stifte schneiden. Die Chilischoten putzen, aufschlitzen, entkernen und grob hacken. Die Frühlingszwiebeln abziehen, putzen, waschen und in feine Ringe schneiden. Den Koriander waschen, trockenschütteln und die Blätter hacken.

Aus Essig und Olivenöl eine Marinade rühren und die gegarten Bohnen noch warm darin wenden. Die Bohnen mit Salz abschmecken, kräftig mit Pfeffer würzen und mit Knoblauch und Chilischoten vermengen. Erst wenn der Bohnensalat abgekühlt ist, die Frühlingszwiebeln und das Koriandergrün zugeben.

Den Salat vor dem Servieren möglichst 1 Stunde zugedeckt ziehen lassen.

Nährwerte pro Portion
Kilokalorien 500, Kilojoule 2100, Eiweiß/g 22, Kohlenhydrate/g 43, Fett/g 26, Ballaststoffe/g 18

Usbekischer Lammpilaw mit Knoblauchknollen

einfach
4 Portionen

- 600 g schieres Lammfleisch aus der Keule
- 2 große Zwiebeln
- 250 g Möhren
- 2 rote Chilischoten
- 1/4 l Öl
- Salz
- 500 g Naturreis (ungeschält)
- 4 kleine Knoblauchknollen

Das Lammfleisch in mundgerechte Würfel schneiden. Die Zwiebeln abziehen und grob hacken. Die Möhren schälen und in Würfel schneiden. Die Chilischoten putzen, aufschlitzen, entkernen und fein hacken.

Das Öl in einem Wok oder in einer Pfanne mit hohem Rand erhitzen und das Fleisch darin rundherum scharf anbraten. Die Zwiebeln und die Möhren zugeben und alles 15 Minuten braten, dabei häufig wenden.

Die Chilischoten und 1 Teelöffel Salz zugeben und 1/2 Glas heißes Wasser angießen. Wenn das Wasser kocht, den Reis gleichmäßig über das Fleisch verteilen und noch soviel warmes Wasser angießen, bis es 1 cm hoch über dem Reis steht.

Den Knoblauch nicht schälen, sondern die Knollen nur waschen, die Wurzeln abschneiden und die ganzen Knollen in den Reis drücken. Den Wok zudecken und den Pilaw bei kleinster Hitze 30 Minuten garen.

Den Lammpilaw am besten im Wok auftragen. Jeder bekommt 1 Knoblauchknolle und drückt das Mus selbst aus den Zehen.

Nährwerte pro Portion
Kilokalorien 1390, Kilojoule 5830, Eiweiß/g 40, Kohlenhydrate/g 110, Fett/g 85, Ballaststoffe/g 6,1

Bigosch

einfach, braucht Zeit
zum Einfrieren
4 Portionen

- 1 kleiner Kopf Weißkohl, 500 g
- 250 g Zwiebeln
- 2 Knoblauchzehen
- 400 g Lammfleisch
- 400 g Kalbfleisch
- 150 g Frühstücksspeck am Stück
- 2 EL Butterschmalz
- 4 EL Tomatenmark
- 1 TL Kümmel
- 3 TL Paprikapulver, edelsüß
- 1 TL gerebelter Majoran
- Salz
- frisch gemahlener Pfeffer
- 1 kleine Dose Sauerkraut
- 1/2 l Weißwein
- 1/2 l Fleischbrühe
- 2 Lorbeerblätter

Den Weißkohl putzen und grob hacken. Die Zwiebeln und die Knoblauchzehen abziehen und hacken. Lammfleisch, Kalbfleisch und Frühstücksspeck in kleine Würfel schneiden.

In einem Bräter das Butterschmalz erhitzen. Fleisch und Speck kräftig anbraten. Mit Tomatenmark, Kümmel, Paprika, Majoran, Salz und Pfeffer würzen. Zwiebeln und Knoblauch zufügen und einige Minuten unter Rühren anrösten.

Den Weißkohl und das Sauerkraut untermischen. Den Weißwein und die Fleischbrühe angießen, die Lorbeerblätter zugeben. Alles gut vermischen. Eventuell noch etwas Wasser zugießen, bis die Zutaten knapp mit Flüssigkeit bedeckt sind.

Den Eintopf im verschlossenen Bräter etwa 2 1/2 Stunden im Backofen bei 160°C schmoren. Die Lorbeerblätter entfernen und den Bigosch im Bräter servieren.

Nährwerte pro Portion
Kilokalorien 510, Kilojoule 2130, Eiweiß/g 31, Kohlenhydrate/g 7, Fett/g 36, Ballaststoffe/g 3,9

Tip

Mititei schmecken noch besser, wenn man sie auf einem geölten Rost grillt.

Mititei

einfach, zum Einfrieren
4 Portionen

- 1 große Zwiebel
- 2 Knoblauchzehen
- 200 g Rindfleisch
- 200 g Schweinefleisch
- 200 g Lammfleisch
- 1 TL Rosenpaprika
- Salz
- frisch gemahlener Pfeffer
- Mehl zum Bestäuben
- 1/8 l Öl

Die Zwiebel und die Knoblauchzehen abziehen und grob hacken.

Das Fleisch würfeln. Fleisch, Zwiebel und Knoblauch durch den Fleischwolf drehen.

In einer Schüssel die Fleischmasse mit den Gewürzen vermischen und von Hand 10 Minuten kneten – das ist wichtig!

Ein Probewürstchen braten und den Fleischteig gegebenenfalls nachwürzen. Mit nassen Händen aus dem Fleischteig etwa daumengroße Würstchen formen.

Das Öl in einer tiefen Pfanne erhitzen. Die Würstchen darin rundum ca. 10 Minuten braten, bis sie knusprig sind.

Dazu reicht man gehackte Zwiebeln, eingelegte Paprika, nach Belieben auch Krautsalat und Brot.

Nährwerte pro Portion
Kilokalorien 570, Kilojoule 2410, Eiweiß/g 28, Kohlenhydrate/g 1, Fett/g 47, Ballaststoffe/g 0,6

Die mediterrane

Knoblauchküche

Denkt man an Knoblauch, denkt man an ferne Länder, an Ferienländer, an Sonne und Süden.

Die ersten Knoblaucherfahrungen machten wir Mitteleuropäer wohl mit der italienischen Küche. Aber schon bald folgten Spanien, Frankreich, Jugoslawien und Griechenland, parallel zur touristischen Eroberung des Mittelmeers.

Knoblauch verfeinert eine geröstete Scheibe Weißbrot ebenso wie das teuerste Gericht aus der edlen französischen Küche.

Knoblauch gehört einfach dazu – nicht an alles, aber an vieles. Was wären Lamm ohne Knoblauch oder Meeresfrüchte oder Pizza oder ...?

Aus der Küche der nördlichen Mittelmeerländer ist Knoblauch nicht wegzudenken. Er wird dort allerdings in moderaten Mengen genossen, ganz im Gegensatz zu den Ländern entlang der südlichen Küste, dem Maghreb.

Die mediterrane Knoblauchküche ist eine von den feinen, köstlich, verträglich und einfach angenehm.

Gazpacho ist eine kalte Suppe für heiße Tage in Andalusien. Es gibt viele Rezept-Variationen, jedenfalls muß alles gut gekühlt und pikant abgeschmeckt sein.

Gazpacho

einfach, braucht Zeit
4 Portionen

- 1 grüne Paprikaschote
- 200 g sehr reife Tomaten
- 1/2 Salatgurke
- 100 g frische Weißbrotbrösel
- 2 Knoblauchzehen
- 1 rote Chilischote
- 1 Messerspitze Kümmel
- 1 Eigelb
- Salz
- frisch gemahlener Pfeffer
- 150 ml Olivenöl
- 4 EL Sherryessig
- 800 ml Fleisch- oder Geflügelbrühe

Garnierung
- 100 g Weißbrotwürfel
- 1 EL Butter
- 1 Zwiebel, fein gehackt
- 1/2 Paprikaschote, fein gewürfelt
- 1 Stück Salatgurke, gewürfelt
- 2 kleine reife Tomaten, gehäutet, entkernt und gewürfelt

Paprikaschoten, Tomaten und Gurke waschen und in Stücke schneiden (Schale an der Gurke lassen, Kerne auskratzen). Das Gemüse im Mixer pürieren und dabei nach und nach die Brotbrösel zugeben. 1 bis 2 Stunden kühlen.

Den Knoblauch abziehen, die Chilischote putzen und entkernen, beides mit dem Kümmel im Mörser stoßen. Eigelb, Salz und Pfeffer zugeben und das Öl tropfenweise unterschlagen. Zuletzt den Essig in die Mayonnaise rühren.

Die gekühlte Gazpacho-Mischung mit der Mayonnaise verrühren und mit der Brühe aufgießen. Alles durch ein Sieb streichen, abschmecken und bis zum Servieren kühlen.

Die Weißbrotwürfel rösten und die gehackten Gemüseeinlagen kühlen.

Gazpacho tellerweise verteilen und jeder nimmt sich selbst von den Einlagen.

Nährwerte pro Portion
Kilokalorien 580, Kilojoule 2430, Eiweiß/g 7, Kohlenhydrate/g 30, Fett/g 45, Ballaststoffe/g 4,5

Knoblauchsuppe „Ajo blanco"

einfach, braucht Zeit
4 Portionen

- 20 Mandeln
- 6 Knoblauchzehen
- Salz
- 4 Scheiben Weißbrot vom Vortag
- 2 EL Sherry
- 100 ml Olivenöl
- 2 EL Sherryessig
- 1 l kräftige Hühnerbrühe
- etwas Öl zum Rösten
- 200 g weiße Trauben

Die Mandeln blanchieren und abziehen. Die Knoblauchzehen abziehen, mit den Mandeln grob hacken und in einem Mörser mit 1 Teelöffel Salz musig stoßen.

2 Weißbrotscheiben entrinden, zerpflücken und mit dem Sherry befeuchten. Das eingeweichte Brot nach und nach zum Knoblauch geben und im Mörser stampfen. Dann das Olivenöl tropfenweise zugeben und stampfen, bis die Masse Mayonnaise ähnelt. Zuletzt den Essig einarbeiten und die Paste in eine Suppenschüssel geben. Die Hühnerbrühe – nach Belieben kalt oder aufgekocht – angießen und mit der Paste verrühren. Die Suppe mit Salz abschmecken.

Das restliche Weißbrot in Würfel schneiden und in Öl goldbraun rösten. Die Trauben waschen, trockentupfen, halbieren und entkernen.

Nährwerte pro Portion
Kilokalorien 880, Kilojoule 3685, Eiweiß/g 51, Kohlenhydrate/g 75, Fett/g 39, Ballaststoffe/g 3

Ajo blanco, kalt oder warm mit Trauben und Brotwürfeln servieren.

Basilikumsuppe „Soupe au pistou"

einfach, Blitzrezept
4 Portionen

- 450 g TK-Suppengemüse mit Rindfleischbrühe
- 3 Knoblauchzehen
- 1 Bund frische Basilikumblätter
- 2 EL Olivenöl
- frisch gemahlener Pfeffer
- 4 EL geriebener Emmentaler
- 2 EL geriebener Parmesan

Das tiefgekühlte Suppengemüse mit Rindfleischbrühe unaufgetaut in einen Topf mit 1 Liter Wasser geben. Einmal aufkochen lassen und zugedeckt bei kleiner Hitze ca. 15 Minuten garen.

In der Zwischenzeit die Basilikumpaste zubereiten. Dafür die Knoblauchzehen abziehen und grob zerteilen. In einem Mörser die Knoblauchzehen mit den gehackten Basilikumblättern zerstoßen. Nach und nach das Olivenöl zugeben. Zum Schluß beide Käsesorten und 2 bis 3 Eßlöffel der Suppenbrühe einrühren.

Die Suppe in eine vorgewärmte Terrine füllen und die Basilikumpaste getrennt dazu servieren. Jeder verrührt seine Suppenportion mit etwas Paste.

Dazu paßt geröstetes Weißbrot. Nach Belieben noch mehr Käse zum Bestreuen reichen.

Nährwerte pro Portion
Kilokalorien 130, Kilojoule 550, Eiweiß/g 7, Kohlenhydrate/g 6, Fett/g 8, Ballaststoffe/g 6,5

Zwiebeltorte

einfach, braucht Zeit
zum Einfrieren
4 Portionen

- 150 g Mehl
- 75 g Butter
- 1 Ei
- Salz
- 500 g Gemüsezwiebeln
- 2 EL Olivenöl
- 12 Sardellenfilets
- 2 Knoblauchzehen
- Pfeffer
- 1 TL gerebelter Majoran
- Butter für die Form
- 150 g schwarze Oliven
- Olivenöl zum Beträufeln

Mehl, Butter, Ei und 1 Prise Salz verkneten und den Teig anschließend für etwa 2 Stunden in den Kühlschrank stellen.

Für den Kuchenbelag die Zwiebeln abziehen, halbieren und in feine Streifen schneiden.

In Olivenöl hellblond andünsten, vom Herd nehmen und abkühlen lassen.

Sardellenfilets 20 Minuten wässern.

Knoblauchzehen abziehen, zu den Zwiebeln pressen, Salz, Pfeffer und Majoran daruntermischen.

Eine Springform von 22 cm Durchmesser ausbuttern.

Den Teig ca. 1/2 cm dünn auswellen, die Kuchenform damit auslegen, am Rand hochziehen. Mit den Zwiebeln belegen.

Oliven entsteinen und halbieren. Den Kuchen mit den abgetropften Sardellenfilets und Oliven garnieren und etwas Olivenöl darüberträufeln.

Im vorgeheizten Backofen auf der mittleren Schiene bei 200°C ca. 30 Minuten backen.

Nährwerte pro Portion
Kilokalorien 330, Kilojoule 1370, Eiweiß/g 8, Kohlenhydrate/g 23, Fett/g 21, Ballaststoffe/g 3,2

Tip

Die Zwiebeltorte lauwarm servieren.
Sie ergibt 8 kleine Stücke zum Wein oder zum Aperitif.
Mit gemischtem Salat kann sie als Vorspeise oder kleines, leichtes Hauptgericht gegeben werden.

Knoblauchbaguette

einfach, Blitzrezept
4 Portionen

- 4 große Knoblauchzehen
- 125 g Kräuterbutter
- 1 Baguette, ca. 350 g
- 2 EL geriebener Käse

Die Knoblauchzehen abziehen, fein hacken und unter die zimmerwarme Kräuterbutter mischen.

Das Brot schräg in etwa 2 cm dicke Scheiben schneiden, aber nur so tief, daß die Scheiben an der Unterseite noch zusammenhalten.

In jeden zweiten Einschnitt Kräuterbutter streichen und etwas Käse hineinstreuen. Die Brotscheiben zusammendrücken und fest in Alufolie einschlagen. Bei mittlerer Hitze etwa 15 Minuten grillen oder bei 180°C im Backofen backen.

Das Knoblauchbrot aus der Folie wickeln und an den nicht bestrichenen Stellen auseinanderbrechen.

Nährwerte pro Portion
Kilokalorien 500, Kilojoule 2100, Eiweiß/g 9, Kohlenhydrate/g 48, Fett/g 28, Ballaststoffe/g 1,8

Die im Grundrezept angegebene Menge reicht für 4 Pizzaformen mit 20 cm Durchmesser oder für 2 große Pizze, ca. 30 cm Durchmesser, die auf dem Blech gebacken werden, oder für 1 großes Backblech.

Pizzateig, Grundrezept

einfach, braucht Zeit,
zum Einfrieren

- 500 g Mehl
  und Mehl zum Verarbeiten
- 1 TL Salz
- 1/4 l lauwarmes Wasser
- 30 g frische Hefe
- 1 Prise Zucker
- 100 ml Olivenöl

Das Mehl mit dem Salz in eine weite Schüssel sieben und in die Mitte eine Mulde drücken.

100 ml lauwarmes Wasser mit der zerbröckelten Hefe und dem Zucker verrühren. 5 Minuten warm stellen, bis sich Blasen bilden, eventuell im Backofen bei 50°C.

Die aufgelöste Hefe und alle restlichen Zutaten in die Mulde gießen und mit dem Mehl vermischen. Falls noch Flüssigkeit fehlt, löffelweise lauwarmes Wasser zugeben.

Den Teig, wenn er sich von der Schüssel löst, auf der bemehlten Arbeitsfläche gründlich kneten – 5 bis 10 Minuten.

Die Schüssel mit heißem Wasser auswaschen, trocknen und dünn mit Mehl ausstreuen. Den Teig zur Kugel formen, in die Schüssel legen und die Oberfläche kreuzweise einschneiden, dadurch geht er besser auf. Die Schüssel zugedeckt an einen warmen Ort stellen und den Teig etwa 1 Stunde gehen lassen, er muß mindestens das doppelte Volumen erreichen.

Den aufgegangenen Teig aus der Schüssel lösen und auf der bemehlten Arbeitsfläche nochmals kurz kneten. Dann portionieren und zu Kugeln formen. Jede Kugel mit der Hand zu einer dicken Scheibe flachdrücken und in alle Richtungen zu einer runden Platte ausrollen. Wenn der Teig noch ungefähr 0,5 cm dick ist, die Platte über die bemehlten Handrücken legen und von der Mitte zu den Rändern hin noch etwas ausziehen – wie beim Strudelteig. Der Pizzaboden soll etwa 3 mm hoch sein mit einem etwas dickeren Rand.

Pizza pane mit Rosmarin

einfach, braucht Zeit
2 große Pizze

- Pizzateig von 500 g Mehl,
  nach Grundrezept
- 4 Knoblauchzehen
- 2 Zweige frischer Rosmarin
  oder 2 EL getrocknete Rosmarinnadeln
- 2 EL Olivenöl
- 1 EL grobes Salz

Den Pizzateig nach Grundrezept zubereiten.

Die Knoblauchzehen abziehen, wenn sie sehr dick sind, der Länge nach halbieren und diagonal in dünne Scheiben schneiden. Die Rosmarinnadeln grob hacken.

Den Pizzateig halbieren und zu 2 großen runden Platten formen, Durchmesser etwa 35 cm.

2 Backbleche mit Öl bestreichen und je 1 Pizza darauf legen. Den Teig großzügig mit Öl bestreichen, mit Knoblauch, Rosmarin und Salz bestreuen.

Auf jeder Pizza mit dem Teigrad 6 oder 8 Segmente markieren, den Teig aber nur teilweise einschneiden. So wird das Pizza pane im ganzen gebacken, läßt sich aber leicht portionsweise zerteilen. Die beiden Pizze im vorgeheizten Backofen bei 225°C etwa 15 Minuten backen.

Nährwerte pro Portion
Kilokalorien 1510, Kilojoule 6310, Eiweiß/g 29, Kohlenhydrate/g 185, Fett/g 65, Ballaststoffe/g 6,8

„Alla marinara", nach Seemannsart, kann vermuten lassen, daß es sich um eine Pizza mit Fisch oder Meeresfrüchten handelt. Dem ist aber nicht so! Nach „Seemannsart" bedeutet: Nach Art der allerärmsten Leute, die sich außer Tomaten, Knoblauch und einigen Pfefferschoten nichts leisten konnten. Es gibt auch eine Zubereitung von Spaghetti „alla marinara".

Pizza alla marinara

einfach, braucht Zeit
2 große Pizze

- Pizzateig von 250 g Mehl, 1/2 Menge vom Grundrezept
- 3 Knoblauchzehen
- 4 EL Olivenöl
- 400 g gehackte Tomaten
- Salz
- frisch gemahlener schwarzer Pfeffer
- 2–3 frische grüne Chilischoten (peperoncini)
- 1 EL getrockneter Oregano

Den Pizzateig nach Grundrezept zubereiten.

Die Knoblauchzehen abziehen, dicke Zehen der Länge nach halbieren und diagonal in Scheiben schneiden.

2 Eßlöffel Olivenöl erhitzen und den Knoblauch darin glasig dünsten.

Die gehackten Tomaten einrühren und mit Salz und Pfeffer würzen.

Die Chilischoten waschen, den Stielansatz ausschneiden und die Schoten entkernen. Dann in feine Ringe schneiden und in 1 Eßlöffel Öl wenden.

Den Pizzateig auf der bemehlten Arbeitsfläche zu einer ovalen Platte von ca. 40 x 25 cm ausrollen.

Die Pizze auf ein geöltes Backblech legen und den Teig mit Öl bestreichen.

Die Tomatenmasse gleichmäßig darauf streichen und die Chilischoten darüber verteilen. Die Pizze dünn mit Öl beträufeln und den Oregano darüberstreuen.

Die Pizze im vorgeheizten Backofen bei 225°C gut 15 Minuten backen.

Zum Verteilen die Pizza quer in breite Streifen schneiden.

Nährwerte pro Portion
Kilokalorien 940, Kilojoule 3940, Eiweiß/g 16, Kohlenhydrate/g 96, Fett/g 50, Ballaststoffe/g 6

Tip

Variation: 50 g feingeriebene Mandeln unter die Joghurtcreme mischen.

Tsatsiki

einfach, Blitzrezept
4 Portionen

- 1 Salatgurke
- Salz
- 4 große Knoblauchzehen
- 250 g griechischer Joghurt
- 1 EL Weinessig
- 4 EL Olivenöl

Die Gurke schälen und auf der Haushaltsreibe raspeln. In ein Sieb geben, mit Salz bestreuen und 10 Minuten ziehen lassen.

Die Knoblauchzehen abziehen und fein hacken.

Den Joghurt mit dem Essig und dem Olivenöl glatt verrühren. Die ausgedrückte Gurke und den Knoblauch untermischen.

Als Vorspeise mit Pitabrot oder zu gebratenem oder gegrilltem Fleisch reichen.

Nährwerte pro Portion
Kilokalorien 210, Kilojoule 900, Eiweiß/g 3, Kohlenhydrate/g 4, Fett/g 20, Ballaststoffe/g 0

Griechischer Bauernsalat

einfach, braucht Zeit
4 Portionen

- 1 kleine oder 1/2 Salatgurke
- 4 reife Strauchtomaten
- 1 grüne und 1 gelbe Paprikaschote
- 1 große Gemüsezwiebel
- 16 schwarze Oliven
- 200 g griechischer Schafskäse am Stück

Marinade
- 1 TL Salz
- frisch gemahlener schwarzer Pfeffer
- 2 Knoblauchzehen
- 4 EL milder Weinessig
- Saft von 1/2 Zitrone
- 8 EL natives Olivenöl

Die Salatgurke waschen, der Länge nach vierteln und die Kerne mit einem Löffel herauskratzen. Die Stangen quer in mundgerechte Stücke schneiden.

Die Tomaten waschen, in 6 bis 8 Spalten schneiden und je nach Größe noch einmal quer halbieren. Dabei die Stielansätze entfernen.

Die Paprikaschoten waschen, halbieren, Stiel und Kerne entfernen und die Schoten erst in Streifen, dann in Würfel schneiden.

Die Gemüsezwiebel abziehen, der Länge nach halbieren und jede Hälfte quer in dünne Scheiben schneiden. Die Scheiben zu halben Ringen auseinanderziehen.

Die Salatzutaten mit den schwarzen Oliven mischen. Den Schafskäse in Würfel schneiden oder mit einer Gabel mundgerecht zerbröckeln.

Für die Marinade Salz und Pfeffer mit den durchgepreßten Knoblauchzehen, Essig und Zitronensaft verrühren. Das Olivenöl nach und nach unterschlagen und die Marinade über den Salat gießen. Einmal gründlich durchmischen, dann den Schafskäse unterheben.

Den griechischen Bauernsalat vor dem Servieren etwas ruhen lassen und noch einmal durchmischen.

Nährwerte pro Portion
Kilokalorien 420, Kilojoule 1770, Eiweiß/g 11, Kohlenhydrate/g 7, Fett/g 38, Ballaststoffe/g 4,1

Bruschetta

einfach, Blitzrezept
4 Portionen

- 8 kleine, nicht zu dünne Scheiben italienisches Weißbrot
- 12 EL Olivenöl
- 4 Knoblauchzehen
- Salz

zusätzlich für
Bruschetta mit Tomate
- 16 reife Cocktailtomaten
- 1/2 Bund Basilikum
- frisch gemahlener Pfeffer

Die Brotscheiben auf jeder Seite mit etwas Olivenöl bestreichen und auf dem Grill oder in der Pfanne rösten, dabei einmal wenden.

Die Knoblauchzehen abziehen, halbieren und die frisch gerösteten Brote damit kräftig einreiben. Olivenöl darüberträufeln und mit Salz würzen.

Bruschetta mit Tomate

Die Cocktailtomaten kurz blanchieren, häuten und die Stielansätze ausschneiden. Die Tomaten grob hacken.

Die Knoblauchzehen abziehen und fein hacken. Von dem Basilikum 8 schöne Blättchen zur Seite legen, den Rest waschen, trockentupfen und in Streifen schneiden.

Die Tomaten mit Knoblauch, gehacktem Basilikum und etwas Salz vermischen und auf die gerösteten Brotscheiben häufen. Das restliche Olivenöl darüberträufeln, leicht pfeffern und mit den Basilikumblättchen garnieren.

Nährwerte pro Portion
Kilokalorien 490, Kilojoule 2036, Eiweiß/g 15, Kohlenhydrate/g 31, Fett/g 37, Ballaststoffe/g 1,8

Spaghetti aglio, olio, peperoncino

einfach, Blitzrezept
4 Portionen

- 4 Knoblauchzehen
- 2 frische rote Chilischoten (peperoncini)
- 300–350 g Spaghetti
- Salz
- 8 EL Olivenöl
- 100 g geriebener Parmesan

Die Knoblauchzehen abziehen und fein hacken. Die Chilischoten halbieren, Kerngehäuse sorgfältig entfernen und die Schoten hacken.

Die Spaghetti in kochendem Salzwasser 8 Minuten bißfest garen. Abschütten und kurz abtropfen lassen.

Das Olivenöl in einer tiefen Pfanne erhitzen. Knoblauch und Chilischoten darin kurz bei mittlerer Hitze dünsten. Spaghetti in die Pfanne geben und alles gut vermischen.

Auf 4 vorgewärmten Tellern anrichten und sofort servieren. Den Parmesan getrennt dazu reichen.

Nährwerte pro Portion
Kilokalorien 520, Kilojoule 2200, Eiweiß/g 19, Kohlenhydrate/g 63, Fett/g 19, Ballaststoffe/g 2,8

Millerighe alla pizzaiola

einfach, braucht Zeit
4 Portionen

- 1 Zwiebel
- 2 Knoblauchzehen
- 6 Sardellenfilets in Öl
- 4 EL Olivenöl
- 1 große Dose geschälte Tomaten, 800 g
- Salz
- frisch gemahlener Pfeffer
- 100 g schwarze Oliven ohne Stein
- 2 EL Kapern
- 350 g Millerighe (gerillte kurze Röhrennudeln)
- 1 Bund glatte Petersilie
- 75 g geriebener Parmesan

Die Zwiebel und die Knoblauchzehen abziehen und fein hacken. Die Sardellenfilets in ca. 3 cm lange Stücke schneiden.

In einer Schmorpfanne das Olivenöl erhitzen, Zwiebel und Knoblauch darin goldgelb braten. Die geschälten Tomaten samt Saft dazugeben, Tomaten mit einer Gabel am Pfannenrand zerdrücken. Die Sardellenfilets untermischen, mit Salz und Pfeffer würzen und bei mittlerer Hitze ca. 30 Minuten köcheln, bis die Sauce eindickt.

Die Oliven halbieren und mit den Kapern zur Sauce geben. Auf kleiner Flamme warm halten. Inzwischen die Nudeln in kochendem Salzwasser etwa 10 Minuten garen, abgießen und kurz abtropfen lassen.

Die Petersilie waschen, trockenschütteln und hacken. In einer vorgewärmten Schüssel die Nudeln mit der Petersilie und dem Käse vermischen und die Sauce darauf anrichten.

Nährwerte pro Portion
Kilokalorien 600, Kilojoule 2510, Eiweiß/g 21, Kohlenhydrate/g 67, Fett/g 24, Ballaststoffe/g 6

Tip

Falls es kein frisches Basilikum gibt, können Sie auch frische Petersilie und Schnittlauch nehmen. Getrocknetes Basilikum eignet sich für diese Sauce nicht.

Pesto-Butter

einfach, Blitzrezept
4 Portionen

- 2 Bund frisches Basilikum
- 2–3 Knoblauchzehen
- 30 g Pinienkerne
  oder gehackte Walnüsse
- 40 g Parmesankäse
- 60 g weiche Butter
- Salz
- frisch gemahlener schwarzer Pfeffer

Basilikum waschen, trocknen, die Blättchen von den Stengeln zupfen und in den Mörser legen.

Die Knoblauchzehen abziehen, mit den Pinienkernen oder den Walnüssen zugeben und alles zu einer gleichmäßigen Paste stoßen. Dann erst den Käse zufügen.

Die Butter einarbeiten und so lange rühren, bis die Paste glatt und cremig ist. Mit Salz und Pfeffer abschmecken.

Pesto-Butter schmeckt gut in der Gemüsesuppe, auf Nudeln, Reis, Kartoffeln und auf Kurzgebratenem.

Nährwerte pro Portion
Kilokalorien 800, Kilojoule 3350, Eiweiß/g 21, Kohlenhydrate/g 61, Fett/g 48, Ballaststoffe/g 3,3

Tagliolini mit Pinienkernsauce

einfach, Blitzrezept
4 Portionen

- 200 g Pinienkerne
- 4 Bund glatte Petersilie
- 4 Knoblauchzehen
- 7 EL Olivenöl
- 1/2 TL Salz

- 300 g Tagliolini

Die Pinienkerne in einer trockenen, heißen Pfanne goldbraun rösten.

Die Petersilie waschen, trockenschütteln und die Blätter grob hacken. Die Knoblauchzehen abziehen und halbieren.

80 g der gerösteten Pinienkerne mit Petersilie, Knoblauch, 3 Eßlöffel Olivenöl und dem Salz im Mixer pürieren.

Inzwischen die Tagliolini bißfest kochen.

Das Püree in eine Schale umfüllen und mit dem restlichen Olivenöl und 5 Eßlöffel heißem Nudelwasser glattrühren.

Die Sauce zu abgetropften Tagliolini reichen und jede Portion mit den restlichen Pinienkernen bestreuen.

Nährwerte pro Portion
Kilokalorien 850, Kilojoule 3570, Eiweiß/g 25, Kohlenhydrate/g 11, Fett/g 75, Ballaststoffe/g 2,3

Den einzig wahren Pesto gibt es nicht, denn in Ligurien hat jede Küche mit Tradition ihr Hausrezept. Ursprünglich stampfte man nur Petersilie mit Salz, Knoblauch und Öl im Mörser. Dann kamen Nüsse, meist Pinienkerne, und/oder Parmesankäse dazu.
Heute verwendet man meist Basilikum statt Petersilie oder mischt beide Kräuter.

Tagliatelle mit Pesto

einfach, Blitzrezept
zum Einfrieren
4 Portionen

- 1 großes Bund Basilikum
- 3 Knoblauchzehen
- 1 Messerspitze Salz
- 100 ml Olivenöl
- 30 g Pinienkerne

- 350 g Tagliatelle
- 50 g frisch geriebener Parmesankäse

Die Basilikumblätter möglichst nicht waschen, sondern nur abwischen und von den Stengeln zupfen. Die Knoblauchzehen abziehen und grob hacken.

Die Basilikumblätter fein zerzupfen und in einen Mörser geben, dazu den Knoblauch, Salz und wenige Tropfen Öl. Die Mischung stampfen und dabei immer wieder etwas Öl zugeben (oder alle Zutaten im Mixer pürieren).

Die Pinienkerne in einer heißen, trockenen Pfanne rundherum goldgelb rösten. Dann mit dem Basilikumpüree und dem restlichen Öl stampfen.

Inzwischen die Nudeln kochen.

Zuletzt den Parmesankäse in den Pesto rühren und die Mischung mit einigen Eßlöffel heißem Nudelwasser auf die gewünschte musige Konsistenz bringen. Mit Salz abschmecken.

Die abgetropften Nudeln in einer vorgewärmten Schüssel mit dem Pesto vermischen.

Nährwerte pro Portion
Kilokalorien 650, Kilojoule 2710, Eiweiß/g 16, Kohlenhydrate/g 64, Fett/g 33, Ballaststoffe/g 3

Die Spaghetti in vorgewärmten tiefen Tellern servieren und möglichst grob geriebenen, frischen Parmesankäse dazu reichen.

Spaghettini mit getrockneten Tomaten

einfach, Blitzrezept
4 Portionen

- 1/2 Bund Basilikum
- 1/2 Bund glatte Petersilie
- 2 Knoblauchzehen
- 1 scharfe rote Chilischote (peperoncino)
- 6 EL Olivenöl
- 350 g dünne Spaghetti
- Salz
- 4 EL getrocknete Tomaten, in Öl eingelegt
- 2 EL Pinienkerne
- frisch geriebener Parmesan

Die Kräuter waschen, trockenschütteln und die Blätter grob hacken. Die Knoblauchzehen abziehen und fein hacken.

Die Chilischote waschen, halbieren, die Kerne sorgfältig entfernen und die Schote sehr fein hacken. Kräuter, Knoblauch und Chilischote mit dem Olivenöl in einer weiten Schüssel verrühren und ziehen lassen.

Die Spaghetti in kochendem Salzwasser bißfest garen.

Die Tomaten in feine Streifen schneiden. Die Pinienkerne in einer trockenen, heißen Pfanne goldgelb rösten.

Die gegarten Spaghetti abgießen, in der Schüssel mit der Marinade vermischen, Tomaten und Pinienkerne unterheben.

Nährwerte pro Portion
Kilokalorien 610, Kilojoule 2540, Eiweiß/g 18, Kohlenhydrate/g 61, Fett/g 29, Ballaststoffe/g 3,5

Peperonata

einfach, braucht Zeit
zum Einfrieren
8 Portionen

- 500 g Zwiebeln
- 4 Knoblauchzehen
- 4 rote Chilischoten
- 2 kg feste rote Paprikaschoten
- 1 kg Fleischtomaten
- 6 Lorbeerblätter
- 1/8 l Olivenöl
- Salz
- frisch gemahlener schwarzer Pfeffer
- 4 EL Tomatenmark

Die Zwiebeln abziehen und würfeln, den Knoblauch abziehen und durch die Presse drücken. Chilischoten putzen, aufschlitzen, entkernen und die Schoten klein würfeln. Paprikaschoten putzen, waschen und in gleichmäßige Stücke schneiden. Die Tomaten brühen, häuten, entkernen und grob hacken.

Das Öl erhitzen, Zwiebeln, Knoblauch, Chili und die Lorbeerblätter darin unter Rühren anschwitzen.

Paprika einrühren, salzen und pfeffern und etwa 5 Minuten unter Wenden braten.

Die Tomaten zugeben und das Tomatenmark einrühren, dann zugedeckt bei milder Hitze etwa 30 Minuten schmoren.

Pikant abschmecken.

Kurz vor Ende der Garzeit können Kräuter wie Thymian, Oregano oder Basilikum zugegeben werden.

Nährwerte pro Portion
Kilokalorien 210, Kilojoule 900, Eiweiß/g 6, Kohlenhydrate/g 13, Fett/g 18, Ballaststoffe/g 10

Peperonata soll musig sein. Sie schmeckt kalt zu Fleisch, Fisch, Nudeln oder Reis, ist aber auch eine vorzügliche Würzzutat für Suppen, Eintöpfe und Schmorgerichte. Fest verschlossen hält sie sich etwa 1 Woche, Sie können sie aber auch einfrieren – bereiten Sie also gleich eine größere Menge zu.

Garnelen mit Tomaten und Oliven

einfach, Blitzrezept
4 Portionen

- 16 rohe Garnelenschwänze
- 4 kleine Knoblauchzehen
- 2 scharfe güne Chilischoten (peperoncini)
- 12 entkernte schwarze Oliven
- 8 reife Cocktailtomaten
- 8 EL Olivenöl
- 100 ml Weißwein
- 1 TL getrockneter Oregano
- 1/2 TL Salz
- 4 Scheiben Weißbrot

Die Garnelenschwänze bis auf die Schwanzflosse schälen, den Rücken einschneiden und den Darm entfernen. Die Garnelen waschen und auf Küchenpapier trockentupfen.

Den Knoblauch abziehen und fein hacken. Die Chilischoten putzen, entkernen und ebenfalls fein hacken. Die Oliven in Viertel schneiden bzw. grob hacken. Die Cocktailtomaten waschen, vierteln und dabei den Stielansatz entfernen.

4 Eßlöffel Olivenöl in einer großen Pfanne erhitzen. Knoblauch und Chilischoten andünsten und die Garnelenschwänze zugeben. Einmal wenden, Oliven und Tomaten einrühren. Mit dem Weißwein ablöschen, salzen und den Oregano untermischen. Das Gericht bei kleiner Hitze kurz ziehen lassen.

Inzwischen die Weißbrotscheiben mit dem restlichen Olivenöl bestreichen und auf beiden Seiten in der trockenen, heißen Grillpfanne rösten. Die Brotscheiben auf 4 vorgewärmte Teller verteilen, das Garnelenragout abschmecken und auf das Weißbrot häufen. Die Garflüssigkeit aus der Pfanne gleichmäßig verteilen.

Nährwerte pro Portion
Kilokalorien 450, Kilojoule 1890, Eiweiß/g 23, Kohlenhydrate/g 17, Fett/g 29, Ballaststoffe/g 1,5

Schwarze Nudeln sind mit der Tinte der Tintenfische gefärbt. Statt großer Tintenfische passen in dieses Gericht die winzig kleinen Moscardini besser. Es gibt sie schon gehäutet zu kaufen, und sie sind besonders zart.

Pasta nera con moscardini

einfach, Blitzrezept
4 Portionen

- ♦ 12 Moscardini oder Polpetti
- ♦ 2 Knoblauchzehen
- ♦ 1 Bund glatte Petersilie
- ♦ 4 EL Olivenöl
- ♦ Salz
- ♦ frisch gemahlener schwarzer Pfeffer
- ♦ 50 g Pinienkerne

- ♦ 300 g schwarze Tagliolini oder dünne Spaghetti

Die Tintenfische waschen und ihre Säcke quer in Ringe schneiden. Den Kopf mit den 8 Fangarmen vierteln (nach Belieben den Oberkopf samt Maul wegschneiden).

Die Knoblauchzehen abziehen und fein hacken. Die Petersilie waschen, trockenschütteln, von den Stengeln streifen und grob hacken.

Das Olivenöl in einer Pfanne stark erhitzen und die Moscardini darin 1 Minute unter ständigem Rühren dünsten. Die Hitze zurückschalten, Knoblauch und Petersilie einrühren und mit Salz und Pfeffer würzen. Die Mischung auf kleiner Hitze warm halten.

In einer zweiten, trockenen, heißen Pfanne die Pinienkerne goldgelb rösten.

Die Tagliolini in sprudelndem Salzwasser 2 Minuten kochen und dann eine erste Garprobe machen. Nach spätestens 3 Minuten müßten sie bißfest sein. Gekochte Tagliolini abgießen, in der Pfanne mit den gewürzten Moscardini vermischen, mit den Pinienkernen bestreuen und sofort in 4 vorgewärmten Tellern servieren.

Nährwerte pro Portion
Kilokalorien 620, Kilojoule 2600, Eiweiß/g 28, Kohlenhydrate/g 73, Fett/g 20, Ballaststoffe/g 3,2

Spaghetti alle Vongole

Blitzrezept
4 Portionen

- 1 kg frische Vongole veraci
- 1/4 l trockener Weißwein
- 1 mittelgroße Zwiebel
- 3 Knoblauchzehen
- 2 Bund glatte Petersilie
- 4 EL Olivenöl
- Salz
- 350 g Spaghetti
- 1 EL Zitronensaft
- grob gemahlener schwarzer Pfeffer

Die Muscheln gründlich unter fließendem kalten Wasser waschen, eventuell abbürsten und bereits geöffnete Muscheln wegwerfen.

Den Weißwein in einem Topf aufkochen, die Muscheln zugeben, den Deckel schließen und die Muscheln 4 Minuten bei guter Hitze garen. Dabei mehrmals den Topf rütteln. Muscheln, die danach nicht geöffnet sind, wegwerfen. Die Muscheln aus dem Topf heben, den Sud durch ein feines Haarsieb abgießen und auffangen. Den Topf mit heißem Wasser spülen, die Muscheln wieder hineingeben und den Deckel schließen.

Die Zwiebel und die Knoblauchzehen abziehen und sehr fein hacken. Die Petersilie waschen, trockenschütteln und die Blätter hacken.

Das Olivenöl in einem Topf erhitzen und Zwiebel, Knoblauch und 2/3 der Petersilie darin andünsten. Den Muschelsud angießen und bei schwacher Hitze etwas einköcheln lassen.

Reichlich Salzwasser zum Kochen bringen und die Spaghetti in 6 bis 8 Minuten bißfest garen.

Die Sauce über die Muscheln gießen und mit ihnen vermischen. Mit Zitronensaft und reichlich frisch gemahlenem schwarzen Pfeffer würzen und im geschlossenen Topf kurz erhitzen.

Die Spaghetti abgießen, gut abtropfen lassen und mit den Muscheln vermengen. Das Gericht in 4 vorgewärmten Suppentellern anrichten und die restliche gehackte Petersilie darüber streuen.

Nährwerte pro Portion
Kilokalorien 520, Kilojoule 2170, Eiweiß/g 22, Kohlenhydrate/g 66, Fett/g 15, Ballaststoffe/g 3,1

Fast alle Muscheln können gefüllt werden. Wichtig ist lediglich, die Muscheln nur knapp vorzugaren und nur eben so lange zu gratinieren, bis die Füllung bräunt, sonst wird das Muschelfleisch trocken und hart.

Vongole veraci, pikant gegrillt

einfach
2 Portionen

- 500 g Muscheln, Vongole veraci
- 1 1/2 EL Öl
- grobes Salz für das Salzbett

Pesto-Butter-Mischung

- 60 g Butter
- 1 Bund frisches Basilikum
- 1 Knoblauchzehe
- 15 g Pinienkerne oder gehackte Walnüsse
- Salz
- Pfeffer
- 20 g Parmesankäse

Die Muscheln unter fließendem Wasser gut bürsten. Unebenheiten mit einem kleinen scharfen Messer abkratzen. Abtrocknen.

In einer Edelstahlpfanne mit hohem Rand das Öl sehr heiß werden lassen, die Muscheln portionsweise zugeben und einige Sekunden bei geschlossenem Deckel sautieren. Dabei die Pfanne mehrmals rütteln. Nicht zu viele Muscheln auf einmal in die Pfanne geben.

Die Muscheln herausheben, das Fleisch auslösen und jeweils wieder in die Schalenhälften legen.

Zum Überbacken in ein Salzbett legen, damit die Muschelschalen gleichmäßig flach liegen.

Zubereitung der Pesto-Butter-Mischung:
In einer kleinen Schüssel die Butter bei Zimmertemperatur weich werden lassen.

Das Basilikum waschen, trocknen, abzupfen.

Den Knoblauch abziehen, mit den Pinienkernen und dem Basilikum zerstoßen. Salzen und pfeffern.

Den Käse zuletzt zugeben und alles der Butter untermischen, bis eine cremige Masse entsteht. Die Muscheln mit der Pesto-Mischung überziehen. 3 bis 4 Minuten unter dem Grill überbacken.

Nährwerte pro Portion
Kilokalorien 470, Kilojoule 1980, Eiweiß/g 17, Kohlenhydrate/g 6, Fett/g 40, Ballaststoffe/g 0,8

Diese provenzalische Spezialität war ursprünglich der Eintopf der Fischer. Seine Zusammensetzung variierte je nach dem täglichen Fangergebnis. In manchen Orten wurde sie mit gekochten Kartoffeln serviert. Erst die Stadtköche verfeinerten die Bouillabaisse mit Krustentieren. Die bekannteste Zubereitungsart ist heute die Bouillabaisse aus Marseille. Man kann Suppe und Fisch nach dem Garen getrennt reichen. Jedenfalls aber bleiben Fisch und Krustentiere ganz oder zumindest in großen Stücken. Für den Genuß dieses feinen Gerichts muß man schon ein wenig arbeiten! Dazu schmecken Sauce Rouille und Knoblauchcroûtons.

Bouillabaisse

einfach, braucht Zeit
8 Portionen

- 1 kleiner Hummer, ca. 500 g
- 300 g Rascasse
- 150 g Knurrhahn
- 150 g Seeteufel
- 150 g Heilbutt oder Merlan, Kabeljau, Seezunge, Goldbarsch – kein Lachs oder anderer fetter Fisch
- 2 rohe Garnelen
- 2 rohe Scampi
- 50 g Lauch
- 1 kleine Zwiebel
- 2 kleine Tomaten
- 3 Knoblauchzehen
- 1/4 Fenchelknolle
- 1/2 Bund glatte Petersilie
- 1 Zweig Thymian
- 1 Lorbeerblatt
- 1 Stück getrocknete Orangenschale
- 4 EL Olivenöl
- Salz
- frisch gemahlener weißer Pfeffer
- 2 g gestoßener Safran
- 2–3 EL Pernod oder Noilly Prat

ca. 3/4 l Fischbrühe

- Abschnitte der obigen Fische, oder vom Fischhändler Abschnitte mitgeben lassen
- 1 kleines Bund Suppengrün
- Salz
- 1 TL Pfefferkörner
- 350 ml trockener Weißwein
- 1/2 l Wasser

In einem großen Topf reichlich Wasser zum Kochen bringen. Den Hummer mit dem Kopf voran in das sprudelnde Wasser werfen, Topfdeckel schließen und den Hummer 2 Minuten bei voller Hitze kochen. Das Hummerfleisch soll roh bleiben! Hummer herausheben, kalt spülen und der Länge nach halbieren. Die Innereien hinter dem Kopf entfernen.

Alle Fische in große gleichmäßige Stücke teilen.

Für die Fischbrühe die Abschnitte und alle genannten Zutaten in einem Topf aufkochen, 10 Minuten köcheln lassen und weitere 15 Minuten ohne Hitze im zugedeckten Topf ziehen lassen. Dann abseihen.

Die geputzten Gemüse wie folgt schneiden: Lauch in Ringe, Zwiebel fein hacken, Tomaten entkernen und würfeln, Knoblauch in Stifte, Fenchel in dünne Scheiben. Kräuter waschen und etwas zerzupfen. Gemüse, Kräuter und Gewürze bis einschließlich Orangenschale in eine große Kasserolle geben. Auf dieses Bett alle Fische und Meeresfrüchte legen, mit 2 Eßlöffel Olivenöl beträufeln und mit Salz, Pfeffer und Safran bestäuben. Den Topf zudecken und mindestens 2, besser 4 bis 5 Stunden kühlstellen.

Danach Fische und Meeresfrüchte herausheben und trennen. Die abgeseihte Fischbrühe zum Gemüse gießen, miteinander aufkochen und 7 bis 8 Minuten köcheln lassen.

Inzwischen in einer großen Bratpfanne 2 Eßlöffel Olivenöl erhitzen und alle Krustentiere bei starker Hitze rundherum anbraten.

Die Hitze unter der Suppe reduzieren und zunächst die Fischstücke einlegen, sie sollen schonend garen. Nach 4 bis 5 Minuten die Krustentiere einlegen und das Gericht weitere 5 Minuten ziehen lassen.

In einer tiefen Servierplatte Fisch und Krustentiere anrichten. Die Fischsuppe mit Pernod oder Noilly Prat und eventuell noch etwas Salz und Pfeffer abschmecken. Über der Fischplatte durch ein feines Sieb passieren. Sie können die Fische damit auch nur befeuchten und die Suppe getrennt zur Platte mit Knoblauchcroûtons und Sauce Rouille, Rezept Seite 61, servieren.

Nährwerte pro Portion
Kilokalorien 700, Kilojoule 2850, Eiweiß/g 30, Kohlenhydrate/g 7, Fett/g 55, Ballaststoffe/g 2

Sauce Rouille

einfach
4 Portionen

- 1 rote Chilischote
- 1 Knoblauchzehe
- 1 kleines Eigelb
- 1/8 l Öl
- 20 g entrindetes Weißbrot in Bouillabaisse eingeweicht
- 1 TL Tomatenmark
- ca. 3 EL Bouillabaissebrühe
- Salz

Chilischote aufschlitzen und entkernen, fein hacken. Die Knoblauchzehe abziehen, ebenfalls fein hacken und mit der Chilischote im Mörser stampfen. Das Eigelb zugeben und, wie bei der Zubereitung von Mayonnaise, das Öl erst tropfenweise, dann im dünnen Strahl einlaufen lassen und dabei kräftig mit dem Schneebesen schlagen.

Das eingeweichte und ausgedrückte Weißbrot flöckchenweise in die Mayonnaise einarbeiten. Das Tomatenmark einrühren und die Sauce mit ca. 3 Eßlöffel Bouillabaissebrühe dickflüssig rühren.

Mit Salz abschmecken.

Nährwerte pro Portion
Kilokalorien 570, Kilojoule 2380, Eiweiß/g 6, Kohlenhydrate/g 20, Fett/g 49, Ballaststoffe/g 5,8

Ailloli

einfach
4 Portionen

- 4–6 Knóblauchzehen, je nach Geschmack
- 300 ml Olivenöl
- 2 Eigelb
- Salz
- frisch gemahlener weißer Pfeffer
- Zitronensaft

Die Knoblauchzehen abziehen, durch die Presse drücken und im Mörser mit einigen Tropfen Öl zu einer glatten Paste stampfen. 2 Eigelb dazugeben und das Öl mit einem Schneebesen erst tropfenweise, dann im dünnen Strahl einarbeiten.

Mit Salz, Pfeffer und Zitronensaft abschmecken.

Nährwerte pro Portion
Kilokalorien 730, Kilojoule 3080, Eiweiß/g 2, Kohlenhydrate/g 0, Fett/g 78, Ballaststoffe/g 0,2

Die Knoblauchmayonnaise Ailloli paßt gut zu Fisch und Meeresfrüchten, zu gegrilltem Fleisch und zu kaltem Braten.

Rotbarbe in Zitronen-Kräuter-Sauce

einfach, Blitzrezept
4 Portionen

- 4 bratfertige Rotbarben
- Salz
- frisch gemahlener Pfeffer
- 5 EL Olivenöl
- 6 Knoblauchzehen
- 2 Stengel frischer Salbei
- 1 Bund glatte Petersilie
- 1 Fleischtomate
- Saft von 1/2 Zitrone
- 100 ml Weißwein
- 80 g kalte Butter

Die ausgenommenen Rotbarben schuppen und mit Salz und Pfeffer würzen.

In einer schweren Eisenpfanne die Hälfte des Öls erhitzen und drei ungeschälte, halbierte Knoblauchzehen hineingeben.

Wenn das Öl sehr heiß geworden ist, 2 Rotbarben hineingeben und bei guter Hitze schnell rundherum anbraten, damit sich eine schützende Schicht bildet.

Noch ca. 4 Minuten braten, vorsichtig herausnehmen, warm stellen und den Vorgang mit den restlichen Rotbarben wiederholen. Die Knoblauchzehen entfernen.

Für die Sauce den Salbei und die Petersilie waschen und trockenschütteln. Die Salbeiblättchen abzupfen, die Petersilie zupfen und grob hacken. Die Tomate in Scheiben schneiden.

Zusammen mit den Rotbarben in die Pfanne geben, bei geringer Hitze nochmals kurz ziehen lassen. Die Fische mit den Tomatenscheiben auf die Teller legen.

Den Bratensatz mit dem Zitronensaft und dem Weißwein ablöschen und die Butter in Flöckchen einrühren, bis die Sauce Glanz und Bindung zeigt. Nochmals mit Salz und Pfeffer würzen.

Nährwerte pro Portion
Kilokalorien 520, Kilojoule 2180, Eiweiß/g 44, Kohlenhydrate/g 2, Fett/g 32, Ballaststoffe/g 0,9

Tomatentopf mit Lotte und Artischocken

einfach, Blitzrezept
4 Portionen

- 3 EL Olivenöl
- 2 Knoblauchzehen
- 1 große Dose geschälte Tomaten, 800 g
- 2–3 EL Tomatenmark
- Salz
- frisch gemahlener schwarzer Pfeffer
- 2 kleine Dosen Artischockenherzen, 800 g
- 500 g Lotte (Seeteufel), küchenfertig

Das Öl in einem Topf erhitzen. Den Knoblauch abziehen und in das Öl pressen, dann sofort mit den geschälten Tomaten samt dem Saft ablöschen. Die Tomaten zerdrücken, mit Tomatenmark, Salz und Pfeffer würzen, auf schwacher Hitze etwas einkochen lassen.

Die Artischockenherzen abgießen, gut abtropfen lassen, nach Belieben halbieren und in die Tomatensauce legen.

Den Fisch von sämtlichen Häuten befreien und in große Würfel schneiden, leicht salzen und pfeffern.

Wenn die Tomatensauce musig eingekocht ist, die Fischwürfel einlegen und bei schwacher Hitze 5 Minuten ziehen lassen.

Das Gericht mit Salz und Pfeffer abschmecken.

Nährwerte pro Portion
Kilokalorien 270, Kilojoule 1150, Eiweiß/g 27, Kohlenhydrate/g 14, Fett/g 10, Ballaststoffe/g 6,4

Thunfisch mit Tomate

einfach, zum Einfrieren
4 Portionen

- 4 dünne Scheiben frischer Thunfisch à 150 g
- Salz
- 1/2 Zitrone
- 20 g Mehl
- 200 ml Öl
- 1 Zwiebel
- 500 g reife Tomaten
- 1 Lorbeerblatt
- 1 Prise Zucker
- 8 rohe Garnelenschwänze
- 2 Knoblauchzehen
- 1 Bund glatte Petersilie

Den Thunfisch waschen, trockentupfen, salzen und mit dem Zitronensaft beträufeln. Die abgetropften Scheiben mit Mehl bestäuben.

Das Öl in einer Pfanne erhitzen und den Thunfisch rundherum 5 Minuten braten. Aus der Pfanne heben und in eine feuerfeste Form legen.

Die Zwiebel abziehen und fein hacken. Die Tomaten enthäuten, entkernen und grob hacken. Die Zwiebel und die Tomaten im restlichen Öl in der Pfanne andünsten und mit Lorbeerblatt und Zucker würzen. Die Sauce musig einkochen lassen.

Die Garnelenschwänze waschen, am Rücken einschneiden und entdarmen. Die Garnelen auf die vorgebratenen Thunfischscheiben in der Form legen und das Tomatenmus darüber verteilen.

Die Knoblauchzehen abziehen, die Petersilie waschen, trockenschütteln und die Blätter mit dem Knoblauch fein hacken. Das Gericht mit der Mischung bestreuen und in den vorgeheizten Backofen auf die untere Schiene stellen. Den Thunfisch bei 200°C 15 Minuten backen.

In der Form servieren.

Nährwerte pro Portion
Kilokalorien 630, Kilojoule 2640, Eiweiß/g 42, Kohlenhydrate/g 13, Fett/g 41, Ballaststoffe/g 4

Gebackene Sardinen
„Moraga de sardinas a la granadina"

einfach, Blitzrezept
4 Portionen

- 4–6 Sardinen pro Person
- Salz
- 8 EL Olivenöl
- 150 ml Weißwein
- 1 Zitrone
- 3 Knoblauchzehen
- 1 Bund glatte Petersilie

Die Sardinen ausnehmen, waschen und trockentupfen. Innen und außen leicht salzen.

Eine feuerfeste Form mit 5 Eßlöffel Olivenöl ausstreichen und die Sardinen einlegen. Mit Weißwein und dem Saft der Zitrone beträufeln.

Die Knoblauchzehen abziehen, die Petersilie waschen, trockenschütteln und die Blätter zusammen mit den Knoblauchzehen fein hacken. Die Sardinen damit würzen und mit den restlichen 3 Eßlöffel Öl beträufeln.

Die Form in den vorgeheizten Backofen auf die untere Schiene stellen und die Sardinen bei 200°C etwa 12 Minuten backen.

Nährwerte pro Portion
Kilokalorien 405, Kilojoule 1695, Eiweiß/g 15, Kohlenhydrate/g 6, Fett/g 31, Ballaststoffe/g 1

Ein italienischer Hit, der warm und kalt und rund ums Jahr schmeckt.

Auberginen-Päckchen in Tomatensauce

einfach, braucht Zeit
4 Portionen

- 3 große Auberginen
- Salz
- Öl zum Braten
- 50 g Mortadella
- 50 g geriebener Parmesan
- 2 Eier
- 50 g Bratwurstfülle (Brät)
- 150 g Rinderhackfleisch
- 1 Bund glatte Petersilie
- 2 Knoblauchzehen
- frisch gemahlener schwarzer Pfeffer
- 1 große Zwiebel
- 4 EL Olivenöl
- 1/8 l Rotwein
- 1 Paket passierte Tomaten, 400 g
- 1 Prise geriebene Muskatnuß
- 150 g entsteinte grüne Oliven

Die Auberginen putzen und der Länge nach in etwa 1 cm dicke Scheiben schneiden. Mit Salz bestreuen, kurz ziehen lassen und anschließend gut trocknen. Die Scheiben in reichlich erhitztem Öl in einer Pfanne auf beiden Seiten goldgelb backen. Herausheben und auf Küchenpapier abtropfen lassen.

Die Mortadella klein würfeln, mit Parmesan, Eiern, Bratwurstfülle und dem Hackfleisch in eine Schüssel geben. Petersilie hacken, Knoblauch abziehen und durchpressen, beides dazugeben. Zu einem gleichmäßigen Fleischteig vermengen, mit Salz und Pfeffer abschmecken.

Je zwei Auberginenscheiben über Kreuz auf die Arbeitsfläche legen. Ein Häufchen Füllung in die Mitte setzen und die Scheiben wie ein Bündel darüber schließen. Mit einem Zahnstocher zustecken.

Die Zwiebel abziehen und klein würfeln. Im Olivenöl in einem Topf glasig werden lassen.

Mit dem Rotwein und den Tomaten ablöschen. Mit Salz, Pfeffer und Muskat würzen, gut verrühren. Die Auberginenpäckchen hineinlegen. Die Oliven vierteln und dazugeben. Zugedeckt bei milder Hitze etwa 30 Minuten schmoren. Wenn die Sauce sehr flüssig ist, 10 Minuten vor Ende der Garzeit den Deckel abnehmen.

Nährwerte pro Portion
Kilokalorien 690, Kilojoule 2900, Eiweiß/g 26, Kohlenhydrate/g 15, Fett/g 54, Ballaststoffe/g 7,7

Stracciettti alla romana

einfach, Blitzrezept
4 Portionen

- 500 g schiere Rinderlende am Stück
- 2 frische rote Chilischoten
- 2 Knoblauchzehen
- 150 g Salatrauke
- 6 EL Öl
- Salz
- 2 TL Sardellenpaste
- 2 EL weißer Weinessig

Die gründlich von Fett und Haut befreite Rinderlende in Alufolie wickeln und mindestens 1 Stunde in das Gefrierfach legen, damit man sie anschließend dünn aufschneiden kann.

Die Chilischoten putzen, entkernen und in kleine Quadrate schneiden. Die Knoblauchzehen abziehen und hacken oder der Länge nach halbieren und in feine Scheibchen schneiden.

Die Salatrauke verlesen, waschen und trockenschütteln. Die Blättchen nur grob zerteilen.

Die angefrorene Rinderlende am besten mit der Maschine (Allesschneider) dünn aufschneiden und die Scheiben getrennt voneinander auslegen.

Das Öl in 2 weiten Bratpfannen erhitzen. Chilischoten und Knoblauch zugeben und einmal wenden – nicht braun werden lassen! Jeweils die Hälfte der Fleischscheiben in die Pfannen geben. Bei starker Hitze unter Rütteln und Wenden rundherum anbraten.

Das Fleisch schwach salzen. Die Sardellenpaste mit dem Essig verrühren und die Fleischportionen damit würzen.

Zuletzt die Pfannen vom Herd nehmen, die Salatrauke mit dem Pfanneninhalt vermischen und die Straccietti sofort auf 4 vorgewärmte Teller verteilen.

Dazu schmeckt frisches Weißbrot.

Nährwerte pro Portion
Kilokalorien 380, Kilojoule 1570, Eiweiß/g 29, Kohlenhydrate/g 1, Fett/g 25, Ballaststoffe/g 0,7

Kalbsschulter provenzalisch

einfach, braucht Zeit, zum Einfrieren
6 Portionen

- 1,5 kg Kalbsschulter
- Salz
- frisch gemahlener Pfeffer
- 2–3 Knoblauchzehen
- 3 EL Olivenöl
- 1/4 l Weißwein
- 1 TL Thymianblättchen
- 1/2 TL gehackte Rosmarinnadeln
- 6 große Strauchtomaten
- 200 g schwarze Oliven
- 300 g grüne Oliven, entsteint
- 3 mittelgroße Zucchini
- 12 eingelegte Kapernäpfel

Die Kalbsschulter parieren und mit Salz und Pfeffer einreiben.

Die Knoblauchzehen abziehen und fein hacken. Das Olivenöl in einem Schmortopf erhitzen und die Kalbsschulter rundherum scharf anbraten. Mit dem Weißwein ablöschen, Knoblauch, Thymian und Rosmarin zugeben und den Topf fest verschließen. Die Kalbsschulter bei schwacher Hitze 1 Stunde schmoren lassen.

Die Tomaten blanchieren, häuten, die Stielansätze ausstechen und das Tomatenfleisch grob hacken.

Nach 1 Stunde Schmorzeit die Tomaten und beide Olivensorten zugeben. Das Fleisch wenden und weitere 45 Minuten bei schwacher Hitze schmoren lassen.

Die Zucchini waschen, putzen und in gleichmäßige Stücke schneiden. In reichlich Salzwasser kurz blanchieren und abtropfen lassen. Die Kapernäpfel halbieren.

Nach insgesamt 1 3/4 Stunden Schmorzeit eine Garprobe machen und die Sauce abschmecken. Zucchini und Kapernäpfel unterheben und das Gericht im offenen Topf noch 10 Minuten ziehen lassen.

Nährwerte pro Portion
Kilokalorien 590, Kilojoule 2470, Eiweiß/g 54, Kohlenhydrate/g 6, Fett/g 34, Ballaststoffe/g 5,4

Die Kalbsschulter in dünne Scheiben aufschneiden und mit dem provenzalischen Gemüse anrichten.
Als Beilage passen grüne Nudeln.

Salsa romesco schmeckt hervorragend sowohl zu Meeresfrüchten als auch zu Fleisch. In Spanien würzt man damit Suppen und Eintöpfe.

Salsa romesco

einfach, braucht Zeit
6 Portionen

- 1 getrocknete Romesco-Paprikaschote oder 1 frische, scharfe rote Chilischote
- 1 Scheibe Weißbrot ohne Rinde, ca. 40 g
- 2 EL Olivenöl
- 4 große Knoblauchzehen
- 60 g abgezogene Mandeln
- 2 große reife Strauchtomaten oder 2 mittelgroße Fleischtomaten
- Salz
- frisch gemahlener Pfeffer
- 2–3 EL Sherryessig

Die getrocknete Romescoschote (spanische scharfe Paprikaschote) 2 Stunden in heißem Wasser einweichen oder die Chilischote putzen, entkernen und hacken.

Das Weißbrot würfeln und im Öl goldbraun braten. Die Knoblauchzehen abziehen und halbieren. Das Brot aus der Pfanne heben und die Knoblauchzehen mit den Mandeln anbraten. Ebenfalls herausheben und samt dem Brot in einen Mörser geben.

Die Tomaten blanchieren, häuten, halbieren, entkernen und das Fruchtfleisch grob hacken. Die Tomatenwürfel bei starker Hitze in der Pfanne wenden, damit sie Flüssigkeit verlieren.

Die Tomaten mit den anderen angebratenen Zutaten im Mörser stoßen und dabei die Gewürze nach und nach zugeben. Zuletzt etwas Öl zugeben, bis die Salsa zwar noch dick, aber geschmeidig ist.

Nährwerte pro Portion
Kilokalorien 120, Kilojoule 520, Eiweiß/g 3, Kohlenhydrate/g 5, Fett/g 10, Ballaststoffe/g 2,3

Ochsenschwanzragout „Rabo de Toro“

einfach, braucht Zeit
zum Einfrieren
4 Portionen

- 1 1/2 kg fleischiger Ochsenschwanz, vom Metzger in Scheiben geschnitten
- 1 Zwiebel, mit 1 Gewürznelke besteckt
- 1 TL Salz
- 1 TL Pfefferkörner
- 1 Lorbeerblatt
- 2 Möhren
- 2 Petersilienwurzeln
- 2 Stengel Staudensellerie
- 1 Lauchstange
- 1 Zwiebel
- 3 Knoblauchzehen
- 4 EL Olivenöl
- 100 g Serrano-Schinken (roher Schinken)
- 200 ml Weißwein
- 4 Tomaten
- 1 Chilischote
- einige Zweige Thymian
- 2 Lorbeerblätter
- 50 g Pinienkerne
- 50 g Korinthen

Den Ochsenschwanz waschen und die Stücke nebeneinander in einen weiten Kochtopf legen. Mit Wasser bedecken und die Zwiebel, Salz, Pfefferkörner und Lorbeerblatt zugeben. Den Ochsenschwanz im halbverschlossenen Topf bei mittlerer Hitze 2 1/2 Stunden köcheln lassen. Immer wieder soviel heißes Wasser zugießen, daß das Fleisch gerade bedeckt bleibt.

Die Möhren und die Petersilienwurzeln schälen und in dicke Scheiben schneiden oder würfeln. Die Selleriestangen waschen, abziehen und in etwa 3 mm dicke Scheiben schneiden. Die Lauchstange putzen, waschen und in fingerdicke Scheiben schneiden. Zwiebel und Knoblauch abziehen und grob hacken.

Das Öl in einem großen Schmortopf erhitzen und das Gemüse darin bei mittlerer Hitze dünsten.

Den Schinken in kleine Würfel schneiden und zugeben.

Den gekochten Ochsenschwanz aus der Brühe heben und auf die Gemüsemischung in den Schmortopf legen. Die Fleischbrühe abgießen und bereithalten.

Den Weißwein über den Ochsenschwanz gießen. Die Tomaten enthäuten, entkernen und grobgehackt zu dem Eintopf geben. Die Chilischote aufschlitzen, entkernen und im ganzen einlegen. Die Thymianzweiglein zusammenbinden und mit den Lorbeerblättern in den Eintopf geben. Die Hälfte der Fleischbrühe angießen und den Ochsenschwanz im leicht verschlossenen Topf auf schwacher Hitze 40 Minuten schmoren. Immer wieder etwas Brühe zugeben – der Ochsenschwanz darf nicht schwimmen, aber die Gemüsesauce soll reichlich sein.

Zuletzt die Pinienkerne einstreuen, die Korinthen mit warmen Wasser spülen, abtropfen lassen und ebenfalls zugeben. Die Hitze ganz abschalten und den Ochsenschwanz im festverschlossenen Topf noch 10 Minuten ziehen lassen.

Zum Servieren die Ochsenschwanzstücke in eine vorgewärmte Schüssel legen und die Sauce darüber verteilen.

Nährwerte pro Portion
Kilokalorien 1130, Kilojoule 4730, Eiweiß/g 85, Kohlenhydrate/g 17, Fett/g 67, Ballaststoffe/g 5

Ratatouille

einfach, zum Einfrieren
4 Portionen

- 150 g Gemüsezwiebeln
- 300 g Auberginen
- 1 kleine rote Paprikaschote
- 1 kleine gelbe Paprikaschote
- 300 g Zucchini
- 300 g Tomaten
- 2 Knoblauchzehen
- 3 EL Olivenöl
- 1 EL Tomatenmark
- Salz
- frisch gemahlener Pfeffer
- 1 TL getrocknete provenzalische Kräuter oder Thymian, Rosmarin und Basilikum, gemischt

Die Zwiebeln abziehen und grob hacken. Das Gemüse putzen, die Paprikaschoten entkernen. Das Gemüse waschen und in gleichmäßig große Würfel schneiden.

Die Knoblauchzehen abziehen und fein hacken.

Das Olivenöl in einem Topf erhitzen und die Auberginenwürfel darin scharf anbraten. Die Hitze reduzieren und die Zwiebeln zugeben. Wenn sie glasig sind, die Gemüsewürfel bis auf die Tomaten untermischen und kurz mitdünsten. Dann die Tomatenstücke, den Knoblauch, das Tomatenmark, Salz, Pfeffer und die Kräuter zufügen.

Das Gemüse im halbgeschlossenen Topf bei kleiner Hitze 25 Minuten köcheln lassen, dabei gelegentlich umrühren.

Das Gemüse soll weich werden, aber nicht zerfallen.

Eine ideale Beilage zu gebratenem Lamm oder Fisch.

Nährwerte pro Portion
Kilokalorien 150, Kilojoule 620, Eiweiß/g 4, Kohlenhydrate/g 10, Fett/g 10, Ballaststoffe/g 5,1

Lammkarree

einfach, Blitzrezept
4 Portionen

- 2 Lammkarrees à 8 Rippen
- Salz
- frisch gemahlener schwarzer Pfeffer
- 6 EL Olivenöl
- 3–4 Knoblauchzehen
- 1 EL frische Rosmarinnadeln

Sauce

- 200 ml Rotwein
- 1 Schuß Cognac
- 200 ml Lamm- oder Wildfond
- 1 TL Tomatenmark
- 200 ml Crème double

Die Lammkarrees parieren und besonders die Rippenknochen sauber abschaben, falls das der Metzger nicht schon gemacht hat. Das Fleisch mit Salz, Pfeffer und 2 Eßlöffel Olivenöl einreiben.

Die Knoblauchzehen abziehen, pressen und in das Fleisch massieren. Die Rosmarinnadeln grob hacken und auf das Fleisch drücken.

Das restliche Olivenöl in einem Bräter, der beide Karrees faßt, erhitzen und das Fleisch rundherum scharf anbraten. Dann die Lammkarrees in den vorgeheizten Backofen stellen und bei 220°C 10 Minuten braten. Den Backofen abschalten, die Lammkarrees aus dem Bräter heben und im Backofen ruhen lassen, dabei bleibt die Tür leicht geöffnet.

Den Bratensatz auf dem Herd mit Rotwein und Cognac löschen, stark kochen und um die Hälfte reduzieren. Dabei den Bratensatz losrühren. Den Fond und das Tomatenmark zugeben und noch einmal etwas einkochen lassen. Die Sauce durch ein feines Sieb in eine Kasserolle gießen, die Crème double zugeben und die Sauce zur gewünschten Konsistenz einkochen lassen. Abschmecken.

Kurz vor Fertigstellung der Sauce das Lammkarree aus dem Ofen nehmen, jedes Stück halbieren, so daß pro Portion 4 Rippen serviert werden. Das Fleisch auf vorgewärmten Tellern mit der Sauce anrichten.

Nährwerte pro Portion
Kilokalorien 810, Kilojoule 3400, Eiweiß/g 42, Kohlenhydrate/g 2, Fett/g 65, Ballaststoffe/g 0,2

Dazu passen in Butter geschwenkte Pellkartoffeln, Zuckerschoten und Zucchini.

Lammhacksteaks mit marinierten Zucchini

Zucchini 1/2 Tag vorher zubereiten.

einfach, braucht Zeit
4 Portionen

- 4 mittelgroße Zucchini
- 5 EL Olivenöl
- 2–3 Zweige Minze
- 4 große Knoblauchzehen
- 2 Schalotten
- Salz
- frisch gemahlener Pfeffer
- weißer Estragonessig
- 1 Zwiebel
- 1 Bund glatte Petersilie
- 750 g Lammhackfleisch
- 2 TL grüne Pfefferkörner
- 2 TL scharfer Senf
- 2 Eier
- 4 EL Semmelbrösel
- 2 EL Butterschmalz

Die Zucchini waschen, trockentupfen, Blüten- und Stielansatz entfernen. Der Länge nach in dünne Scheiben schneiden.

Das Olivenöl in einer großen Pfanne erhitzen und die Zucchini darin portionsweise auf beiden Seiten braun anbraten. Aus dem Öl heben und auf Küchenpapier abtropfen lassen.

Die Minze waschen, trockenschütteln, 4 kleine Büschel für die Dekoration zurückbehalten und die restlichen Blätter in feine Streifen schneiden.

Die Knoblauchzehen und die Schalotten abziehen, halbieren und in dünne Scheiben schneiden.

Eine Lage Zucchinischeiben in eine flache Form legen. Salz, Pfeffer, etwas Minze, den Knoblauch und die Schalotten darübergeben. Mit dem Estragonessig beträufeln. Auf diese Weise eine Lage nach der anderen übereinanderschichten.

Zugedeckt im Kühlschrank einige Stunden marinieren.

Die Zwiebel abziehen und fein hacken. Die Petersilie waschen, trockenschütteln und hacken.

Das Lammhackfleisch in einer Schüssel mit der Zwiebel, Petersilie, Pfefferkörnern, Salz, Senf, Eiern und den Semmelbröseln gut verkneten. 8 Bällchen formen und etwas flachdrücken.

Das Butterschmalz in einer Pfanne erhitzen. Lammhacksteaks darin auf jeder Seite ca. 5 Minuten braten. Herausheben und kurz auf Küchenpapier abtropfen lassen.

Mit den marinierten Zucchini und frischem Brot servieren.

Nährwerte pro Portion
Kilokalorien 780, Kilojoule 3260, Eiweiß/g 43, Kohlenhydrate/g 14, Fett/g 56, Ballaststoffe/g 3,3

Südfranzösische Hackfleischpfanne

einfach, Blitzrezept
4 Portionen

- 1 große Zwiebel
- 2 Knoblauchzehen
- 1 grüne Paprikaschote
- 1 Aubergine
- 4 EL Olivenöl
- 600 g gemischtes Hackfleisch
- 1 Zucchino
- 2 reife Fleischtomaten
- 2 TL provenzalische Kräuter
- Salz
- frisch gemahlener Pfeffer
- 2 EL Tomatenmark
- 1/4 l Rotwein

Die Zwiebeln und die Knoblauchzehen abziehen und hacken.

Die Paprikaschote waschen, vierteln und das Kerngehäuse entfernen.

Die Aubergine waschen, putzen und abtrocknen. Schote und Aubergine in große Würfel schneiden.

Das Öl in einer weiten Kasserolle erhitzen. Das Hackfleisch darin scharf anbraten.

Zwiebel, Knoblauch, Paprikaschote und Aubergine untermischen und 10 Minuten mitbraten, dabei gelegentlich umrühren.

Den Zucchino und die Tomaten waschen, grob würfeln und zu den anderen Gemüsen in die Kasserolle geben. Mit den Kräutern, Salz, Pfeffer und Tomatenmark würzen. Unter Rühren einige Minuten braten. Mit dem Rotwein ablöschen und bei mittlerer Hitze noch 10 Minuten schmoren.

Dazu schmeckt frisches Baguette.

Nährwerte pro Portion
Kilokalorien 650, Kilojoule 2730, Eiweiß/g 32, Kohlenhydrate/g 8, Fett/g 49, Ballaststoffe/g 4,1

Lammkeule mit buntem Röstgemüse

einfach, braucht Zeit
zum Einfrieren
8 Portionen

- 1 Lammkeule mit Knochen ca. 2 kg
- 1 EL weiße Pfefferkörner
- 1 EL Korianderkörner
- 1 EL Rosmarinnadeln
- 4 Knoblauchzehen
- 2 EL Olivenöl
- 1 kg neue oder andere kleine Kartoffeln
- 750 g dicke Möhren
- 6 kleine Zucchini
- 8 mittlere Strauchtomaten
- 6 EL Olivenöl
- Salz
- 200 ml Weißwein
- 800 ml Lammfond (Glas)
- 1 EL Thymianblättchen

Die Keule parieren. Das Fleisch am abgesägten Knochenende rundum bis zum Knochen einschneiden und etwas ablösen, damit es sich beim Braten zusammenziehen kann.

Pfefferkörner, Korianderkörner und Rosmarinnadeln im Mörser stoßen. Die Knoblauchzehen abziehen, mit dem Olivenöl zu den Gewürzen geben und noch einmal stoßen. Die Keule mit dieser Marinade einreiben, eng in Folie wickeln und bei Zimmertemperatur 3 Stunden ruhen lassen.

Die Kartoffeln und die Möhren schälen. Die Möhren in dicke, gleichmäßige Stücke teilen. Die Zucchini putzen und in mundgerechte Stücke schneiden. Die Tomaten halbieren.

Den Backofen auf 220°C vorheizen. Das Olivenöl in der Fettpfanne des Backofens oder in einem großen Bräter, der auch noch das Gemüse faßt, erhitzen. Die Lammkeule

Die Lammkeule samt dem Gemüse im Bräter auftragen oder, wenn sie auf dem Blech gebraten wurde, die Keule auf ein Tranchierbrett legen und das Gemüse in einer vorgewärmten Schüssel servieren. Die Lammkeule vor dem Anschneiden 10 Minuten ruhen lassen.

aus der Folie nehmen, salzen und mit der fleischigen Seite nach oben auf das Blech legen. Das Fleisch mit dem heißen Öl beschöpfen und die Keule 10 Minuten anbraten. Dann die geschälten Kartoffeln zugeben und die Temperatur auf 200°C zurückschalten.

Nach 15 Minuten die Kartoffeln wenden und die Keule mit dem Weißwein begießen. Nach weiteren 10 Minuten die Keule mit dem Bratensaft beschöpfen und 400 ml Lammfond angießen.

Das Fleisch und die Kartoffeln weitere 10 Minuten garen, dann das restliche Gemüse rund um die Keule verteilen, salzen, pfeffern und mit dem Thymian bestreuen.

Lamm und Gemüsemischung noch 30 Minuten garen, dann bleibt die Keule innen rosa. Soll das Fleisch durchgebraten sein, gut 15 Minuten zugeben. Während der letzten 30 Minuten Lammfond nach Bedarf nachgießen.

Nährwerte pro Portion
Kilokalorien 690, Kilojoule 2910, Eiweiß/g 43, Kohlenhydrate/g 29, Fett/g 40, Ballaststoffe/g 7,5

Auberginen, mit Tomaten und Käse gefüllt

einfach, braucht Zeit
4 Portionen

- 2 große Auberginen
- 250 g Eiertomaten
- 250 g Schafskäse
- 2 Knoblauchzehen
- 5 EL Olivenöl
- 1 Packung gehackte Tomaten mit Kräutern, 370 g
- 1/8 l Rotwein
- Salz
- frisch gemahlener Pfeffer

Die Auberginen waschen und der Länge nach halbieren. Die Auberginenhälften bis kurz vor den Stielansatz in ca. 1 cm breite Längsstreifen schneiden und innen salzen.

Die Knoblauchzehen abziehen und in dünne Scheiben schneiden.

4 ovale feuerfeste Formen mit Olivenöl ausstreichen. In jede Form eine Auberginenhälfte mit der Schnittfläche nach unten legen und fächerartig aufblättern. Zwischen die Auberginenscheiben abwechselnd Tomaten, Käse und Knoblauch stecken.

Die gehackten Tomaten um die Auberginen verteilen, den Rotwein angießen.

Gefüllte Auberginen mit Salz und Pfeffer würzen und mit dem restlichen Olivenöl begießen.

Im vorgeheizten Backofen bei 200°C auf der mittleren Schiene ca. 40 Minuten schmoren.

Heiß in der Form servieren.

Nährwerte pro Portion
Kilokalorien 400, Kilojoule 1660, Eiweiß/g 16, Kohlenhydrate/g 15, Fett/g 28, Ballaststoffe/g 7

Griechisches Lammragout mit Zimtsauce

einfach, braucht Zeit
zum Einfrieren
4 Portionen

- 1 kg Lammragout
- Salz
- frisch gemahlener schwarzer Pfeffer
- 4 EL Olivenöl
- 3 Zwiebeln
- 3 Knoblauchzehen
- 1 Zweig frischer Rosmarin
- 1/4 l Weißwein
- 300 g Tomatenfruchtfleisch
- 500 g Zucchini
- 2 Kaki
- geriebene Schale von 1/2 Zitrone
- 1/2 TL Zimt

Das Lammragout mit Salz und Pfeffer würzen. In einem schweren Topf das Olivenöl bis zum Rauchen erhitzen und das Lammfleisch darin kurz anbraten.

Die Zwiebeln und den Knoblauch abziehen, grob hacken und zum Fleisch geben.

Den Rosmarin, den Weißwein und das gehackte Tomatenfleisch hinzufügen. Soviel Wasser zugießen, daß alles bedeckt ist und offen 30 Minuten köcheln lassen.

Die Zucchini und die Kaki waschen und trockentupfen. Die Zucchini in 2 cm große Stücke schneiden, die Kaki vierteln. Die Zucchini zum Fleischragout dazugeben und weitere 10 Minuten garen. Zum Schluß die Kaki und die Zitronenschale hinzufügen und noch 5 Minuten ziehen lassen.

Nach Ende der Garzeit die festen Bestandteile aus dem Topf in eine vorgewärmte Schüssel geben. Die Sauce mit Salz, Pfeffer und dem Zimt abschmecken und über das Fleisch gießen. Sehr heiß servieren.

Nährwerte pro Portion
Kilokalorien 760, Kilojoule 3170, Eiweiß/g 49, Kohlenhydrate/g 12, Fett/g 51, Ballaststoffe/g 4,5

Dazu paßt Reis, oder Sie schmoren einfach ein paar Kartoffeln im Ragout mit.

Die maghrebinisch

e Knoblauchküche

Freilich bedeutet Maghreb zunächst Marokko. Im folgenden Kapitel werden deshalb viele Knoblauchgerichte aus dem schönen Land der Berber vorgestellt.

Aber wir ziehen weiter mit der Knoblauchkarawane den Atlas entlang gen Osten. Alle arabischen Wüstensöhne und -töchter lieben Knoblauch heiß und in beträchtlichen Mengen, was ja bei der Weite der Sahara auch keine Rolle spielt.

Knoblauch gibt es bereits mit den Eiern zum Frühstück, natürlich an den typischen Lammgerichten und in vielen Saucen und Pasten, die sich gut konservieren und transportieren lassen. Die bekannteste, die rote Harisa, enthält ebensoviel Knoblauch wie Chili und würzt fast alles, außer den Süßigkeiten.

Auch in Israel ist Knoblauch ein Lieblingsgewürz, und die innige Beziehung zwischen Türken und Knoblauch ist schon fast sprichwörtlich.

Knoblauch ist Medizin. Menschen, die in extremen Klimazonen leben, brauchen ihn wohl auch, um gesund zu bleiben.

Olivensalat

einfach, Blitzrezept
4 Portionen

- 200 g schwarze Oliven
- 200 g grüne Oliven
- 1 frische rote Chilischote
- 6 große Knoblauchzehen
- 1 Fenchelknolle mit Grün
- 1 unbehandelte Orange
- Salz
- frisch gemahlener schwarzer Pfeffer
- 4 EL Olivenöl

Die Oliven entsteinen und in eine Salatschüssel geben.

Die Chilischote der Länge nach halbieren, entkernen und fein hacken.

Die Knoblauchzehen abziehen, halbieren und in sehr feine Streifen schneiden.

Die Fenchelknolle putzen, die harten äußeren Schichten entfernen und das zarte Fenchelgrün zum Garnieren beiseite legen. Das Fenchelherz in kleine Würfel schneiden. Pfefferschote, Knoblauch und Fenchel unter die Oliven mischen.

Die Orange unter heißem Wasser abspülen, abtrocknen und die Schale fein abreiben. Die Orange auspressen und den Saft mit der abgeriebenen Schale verrühren. Mit Salz und Pfeffer abschmecken und das Olivenöl unterschlagen.

Die Marinade über den Salat gießen und alles gut durchmischen. Mit dem Fenchelgrün garnieren.

Nährwerte pro Portion
Kilokalorien 350, Kilojoule 1470, Eiweiß/g 4, Kohlenhydrate/g 9, Fett/g 33, Ballaststoffe/g 6,2

Blumenkohlsalat

einfach
4 Portionen

- 1 kleiner Blumenkohl
- 2 Möhren
- Salz
- 1/2 Knoblauchknolle
- 1 kleine Zwiebel
- 4 EL Zitronensaft
- 1 EL Orangenblütenwasser
- 1 Prise gemahlener Kreuzkümmel
- 1 Prise Cayennepfeffer
- 1/2 TL Paprikapulver edelsüß
- 1 TL Zucker
- 8 EL Olivenöl
- 1/2 Bund frische Minze
- 1 EL Sesamsamen

Den Blumenkohl in Röschen brechen und waschen. Die Möhren putzen, der Länge nach halbieren und in Scheiben schneiden.

Den Blumenkohl in leicht gesalzenem, kochenden Wasser ca. 6 Minuten köcheln lassen, dann die Möhren zufügen und weitere 5 Minuten garen.

In der Zwischenzeit die Knoblauchzehen und die Zwiebel abziehen und fein hacken.

Aus Zitronensaft, Orangenblütenwasser, Kreuzkümmel, Cayennepfeffer, Paprikapulver, Zucker und Olivenöl eine Marinade anrühren. Knoblauch und Zwiebel zufügen und etwas ziehen lassen.

Das Gemüse abgießen, unter kaltem Wasser kurz abschrecken und gut abtropfen lassen. Noch lauwarm in eine Salatschüssel geben und mit der Marinade übergießen. Alles durchmischen und den Salat bei Zimmertemperatur etwas durchziehen lassen.

Die Minze waschen, trockenschütteln und die Blätter grob hacken.

Den Sesamsamen in einer trockenen Pfanne rösten. Minze und Sesamsamen vor dem Servieren über den Salat geben.

Nährwerte pro Portion
Kilokalorien 270, Kilojoule 1140, Eiweiß/g 3, Kohlenhydrate/g 6, Fett/g 25, Ballaststoffe/g 3,7

Man möchte es fast nicht glauben, aber auch Araber essen so „normale" Gemüse wie Blumenkohl – nur eben ein bißchen anders gewürzt. Mit viel Knoblauch und Minze zum Beispiel, was hervorragend schmeckt.

Algerische Fischsuppe

einfach, braucht Zeit
4 Portionen

- 1 kg gemischte Fische, z. B. Brassen, Barben, Sardinen, Schellfisch
- 250 g reife Tomaten
- 1 Zwiebel
- 5 große Knoblauchzehen
- 3 EL Olivenöl
- 200 g Graupen
- 1 Prise Kreuzkümmel
- 1 TL Cayennepfeffer
- 1 Lorbeerblatt
- Salz
- 5 frische Minzeblätter
- frisch gemahlener schwarzer Pfeffer

Die Fische ausnehmen, je nach Fischsorte schuppen, waschen und in Portionsstücke schneiden oder filetieren.

Die Tomaten mit kochendem Wasser überbrühen, häuten und grob würfeln.

Die Zwiebel und den Knoblauch abziehen und hacken.

Das Öl in einem Topf erhitzen, Zwiebel und Knoblauch darin glasig dünsten. Die Fischabschnitte, Tomaten, Graupen, Kreuzkümmel, Cayennepfeffer und das Lorbeerblatt zufügen und 1 Liter Wasser angießen. Kräftig salzen und zugedeckt 30 Minuten köcheln lassen. Dann das Lorbeerblatt entfernen.

Die Minzeblätter waschen, trockenschütteln und in feine Streifen schneiden. Die Fischsuppe mit Salz und Pfeffer abschmecken, mit Minze bestreuen und sofort servieren.

Nährwerte pro Portion
Kilokalorien 430, Kilojoule 1800, Eiweiß/g 42, Kohlenhydrate/g 39, Fett/g 11, Ballaststoffe/g 3,2

Gebackener Fisch mit Kreuzkümmelpaste

einfach
4 Portionen

- 2 Dorades à 600 g
- Saft von 1 Zitrone
- Salz
- 4 Knoblauchzehen
- 1 Schalotte
- 1 Bund glatte Petersilie
- 3 EL Olivenöl
- 2 EL Paprikapulver
- 2 EL Kreuzkümmel
- frisch gemahlener schwarzer Pfeffer
- 2 Zitronen

Die Fische schuppen, Rücken- und Bauchflossen entfernen. Die Fische gründlich unter fließendem Wasser auswaschen und mit Küchenpapier trocknen. Dann innen und außen mit Zitronensaft beträufeln und salzen.

Die Knoblauchzehen und die Schalotte abziehen und hacken. Die Petersilie waschen, trockenschütteln und fein hacken. Knoblauch, Schalotte und Petersilie im Mörser mit 2 Eßlöffel Olivenöl zu einer Paste zerstoßen und die Gewürze untermischen. Die Fische mit Küchenpapier trockentupfen und innen und außen mit der Paste einreiben, dabei Köpfe und Schwänze freilassen.

2 große Stücke Alufolie mit Öl bestreichen, die Fische darauflegen und die Folie über ihnen zusammenfalten. Die Folienenden an Kopf und Schwanz hochbiegen. Die Pakete auf ein Backblech legen und im vorgeheizten Backofen bei 200°C 20 bis 25 Minuten garen.

Die Zitronen in Scheiben schneiden, die Fische auf eine vorgewärmte Platte legen und mit den Zitronenscheiben garnieren.

Mit gemischten Blattsalaten und frischem Weißbrot reichen.

Nährwerte pro Portion
Kilokalorien 290, Kilojoule 1230, Eiweiß/g 31, Kohlenhydrate/g 3, Fett/g 17, Ballaststoffe/g 0,8

Tip

Statt 2 kleinen Fischen kann auch ein großer, z. B. ein Barsch, gebacken werden. Er braucht zum Garen etwa 15 Minuten länger.

„Tajine" heißt sowohl das irdene Gefäß mit Haube als auch das Gericht, das im Tajine aufgetragen wird. Beide jedenfalls sehr marokkanisch und immer attraktiv.

Tajine mit Lamm

Die Kichererbsen mindestens 6 Stunden einweichen.

einfach, braucht Zeit
6 Portionen

- 6 EL Kichererbsen
- Salz
- 800 g Lammfleisch aus der Keule
- 4 Möhren
- 2 Gemüsezwiebeln
- 6 Knoblauchzehen
- 2 Selleriestangen
- 1 TL schwarze Pfefferkörner
- 4 Gewürznelken
- 1 TL Kurkumapulver
- 1 Lorbeerblatt
- 3 Zucchini
- 250 g Okraschoten
- 50 g Sultaninen

- 500 g Couscous, parboiled
- 40 g Butter

- 6 frische Datteln

Die Kichererbsen 6 Stunden in Wasser einweichen. Dann 15 Minuten kochen, 1/2 Teelöffel Salz zugeben, die Kichererbsen weichkochen und zur Seite stellen.

Das Lammfleisch in große Würfel schneiden. Die Möhren schälen, 2 Möhren grob würfeln, 2 Möhren der Länge nach vierteln und in mundgerechte Stücke schneiden. Die Zwiebeln abziehen, 1 Zwiebel hacken, die andere Zwiebel halbieren und in dünne Scheiben schneiden. Die Knoblauchzehen abziehen, 3 Knoblauchzehen halbieren, die anderen fein würfeln. Die Selleriestangen putzen und grob hacken.

Die Fleischwürfel in einen großen Topf legen, die gewürfelten Möhren, Zwiebeln, Selleriestangen und die 3 halbierten Knoblauchzehen darüber verteilen. Pfefferkörner, Nelken, Kurkuma und das Lorbeerblatt zugeben und alles mit Wasser bedecken. Aufkochen, die Hitze zurückschalten und das Lamm im geschlossenen Topf etwa 1 Stunde schwach köcheln lassen, bzw. bis das Fleisch weich ist. Dann die Brühe abgießen und aufbewahren. Die Fleischstücke aussortieren und zur Seite stellen, alle Gemüse wegwerfen.

Die Zucchini waschen, putzen, der Länge nach vierteln und in mundgerechte Stücke schneiden. Die Okraschoten waschen, putzen und möglichst ganz lassen. Die Sultaninen brühen, 5 Minuten im heißen Wasser stehen lassen und abgießen.

Von der Lammbrühe genügend abnehmen, um damit den Couscous zu garen. Den Topf, in dem das Lamm gekocht wurde, auswaschen und die Lammbrühe hineingießen. Die restlichen Möhren, Zwiebeln und Knoblauchzehen zugeben. Mit

Zucchini, Okraschoten und Sultaninen mischen. Den Topf halb zudecken und das Gemüse auf schwacher Hitze 8 bis 10 Minuten köcheln lassen.

Inzwischen den Couscous mit der Lammbrühe nach Packungsanleitung zubereiten. Die Butter flöckchenweise unter den gegarten Couscous ziehen, am besten mit einer Gabel, um aufzulockern.

Während der Couscous gart, das Lamm und die gekochten Kichererbsen unter das Gemüse mischen und auf schwacher Hitze ziehen lassen.

Den fertigen Couscous in eine große Tajine-Schale häufen und mit einigen Kichererbsen krönen. Lamm und Gemüse um den Rand verteilen. Den Couscousberg mit einigen Gemüsestücken garnieren und die heiße Lammbrühe über das Gericht träufeln. Zum Servieren die frischen Datteln auflegen.

Nährwerte pro Portion
Kilokalorien 710, Kilojoule 3000, Eiweiß/g 38, Kohlenhydrate/g 82, Fett/g 25, Ballaststoffe/g 12,5

Arabischer Gemüse-Lamm-Topf

einfach, braucht Zeit
4 Portionen

- 500 g Lammfleisch aus der Schulter
- 1/2 Knoblauchknolle
- 3 Zwiebeln
- 4 EL Olivenöl
- 200 ml Brühe
- 500 g grüne Bohnen
- 2 rote Paprikaschoten
- Salz
- 1 Messerspitze Safranpulver
- frisch gemahlener schwarzer Pfeffer
- 4 EL Joghurt
- 1 Bund glatte Petersilie
- 250 g gekochter Couscous

Das Lammfleisch waschen, trockentupfen und in etwa 2 cm große Würfel schneiden. Den Knoblauch und die Zwiebeln abziehen und grob hacken. Das Olivenöl in einem großen Topf erhitzen und das Fleisch darin scharf anbraten. Knoblauch und Zwiebeln zufügen und kurz mitbraten. Die Brühe angießen und zugedeckt bei mittlerer Hitze 30 Minuten schmoren.

In der Zwischenzeit die Bohnen waschen, putzen und in mundgerechte Stücke brechen. Die Paprikaschoten halbieren, entkernen und in Streifen schneiden. Das Gemüse unter das Lammfleisch mischen, mit Salz, Safran und Pfeffer würzen und weitere 20 Minuten garen.

Den Joghurt schaumig schlagen.

Die Petersilie waschen, trockenschütteln und fein hacken. Unter die Joghurtsauce rühren.

Den heißen Couscous in eine Schüssel häufen und den Lammtopf darauf anrichten. Die Sauce getrennt dazu reichen.

Nährwerte pro Portion
Kilokalorien 590, Kilojoule 2460, Eiweiß/g 30, Kohlenhydrate/g 36, Fett/g 35, Ballaststoffe/g 9,5

Schmortopf mit Kalbfleisch, Kürbis und Linsen

einfach, braucht Zeit
4 Portionen

- 600 g Kalbsschulter
- 1 Knoblauchknolle
- 3 Gemüsezwiebeln
- 4 EL Olivenöl
- 300 g braune Linsen
- 1/2 EL Salz
- 500 g Kürbis
- 2 süße Äpfel
- 1/2 TL Cayennepfeffer
- 1/2 Bund Koriander

Die Kalbsschulter waschen, trockentupfen und in etwa 1 x 3 cm lange Streifen schneiden. Den Knoblauch und die Zwiebeln abziehen und grob hacken.

Das Olivenöl in einem großen Topf erhitzen und das Fleisch darin anbraten. Knoblauch und Zwiebeln dazugeben und kurz mitbraten. Die Linsen zufügen und 1 Liter Wasser angießen. Salzen und zugedeckt bei mittlerer Hitze 45 Minuten köcheln lassen.

Den Kürbis küchenfertig vorbereiten: Kerne und Schale entfernen und das Fruchtfleisch in mundgerechte Stücke schneiden. Die Äpfel schälen, vierteln, entkernen und in Scheiben schneiden.

Kürbis und Äpfel unter die Linsen mischen, mit Cayennepfeffer würzen und weitere 10 Minuten kochen, eventuell noch etwas Wasser angießen.

Den Koriander waschen, trockenschütteln und die Blättchen von den Stengeln streifen. Vor dem Servieren den Linsentopf abschmecken und mit dem Koriander bestreuen.

Dazu paßt frisches Fladenbrot.

Nährwerte pro Portion
Kilokalorien 530, Kilojoule 2200, Eiweiß/g 19, Kohlenhydrate/g 7, Fett/g 44, Ballaststoffe/g 2,3

Dieses Knoblauchrezept kommt aus Ägypten. Die Sauce schmeckt aber weltweit zu kurzgebratenem oder gegrilltem Fisch oder Fleisch.

Heiße Knoblauchsauce

einfach, Blitzrezept
4 Portionen

- 1 Knoblauchknolle
- 1 TL Salz
- 1 Bund Koriander
- 4 EL Butter
- 1/4 TL Cayennepfeffer

Den Knoblauch abziehen, fein hacken und in einem Mörser mit dem Salz zerstoßen.

Den Koriander waschen, trockenschütteln und die Blättchen von den Stengeln streifen.

Die Butter in einer Stielkasserolle zerlassen. Die Korianderblättchen in der heißen Butter kurz anrösten, dann Knoblauch und Cayennepfeffer unterrühren. Die Sauce vom Herd nehmen und sofort servieren.

Nährwerte pro Portion
Kilokalorien 130, Kilojoule 560, Eiweiß/g 1, Kohlenhydrate/g 4, Fett/g 12, Ballaststoffe/g 0,4

Moussaka

braucht Zeit, zum Einfrieren
4 Portionen

- 1 kg kleine Auberginen
- Salz
- 200 ml Olivenöl
- 1 Zwiebel
- 600 g reife Fleischtomaten
- 4 Knoblauchzehen
- 1 rote Chilischote
- 400 g Lammhack
- frisch gemahlener Pfeffer
- 1 Prise Zucker
- 1 EL getrockneter Oregano
- 3 EL Semmelbrösel

Paprikasauce
- 3 große rote Paprikaschoten
- 3 Schalotten
- 4 EL Öl
- Salz
- 1 EL Harisa (siehe Rezept Seite 92)
- 1 EL Honig

Die Auberginen waschen, putzen und 2 Früchte beiseite legen. Die restlichen Auberginen der Länge nach in dünne Scheiben schneiden, mit Salz bestreuen und in einem Durchschlag etwa 20 Minuten Wasser ziehen lassen.

Etwas Olivenöl in einer weiten Pfanne erhitzen. Die Auberginenscheiben trockentupfen und lagenweise in der Pfanne goldbraun braten. Herausheben und auf Küchenpapier abtropfen lassen.

Die Zwiebel abziehen und fein hacken. Die Tomaten brühen, häuten, entkernen und grob hacken. Die Knoblauchzehen abziehen, halbieren und mit etwas Salz zerdrücken. Die Chilischote waschen, putzen, aufschlitzen, entkernen und fein hacken.

Noch etwas Öl in die Pfanne geben, in der die Auberginen gebraten wurden, stark erhitzen und das Lammhack kräftig anbraten. Das Fleisch aus der Pfanne heben, 1 Eßlöffel Öl hineingeben und die Zwiebel darin glasig dünsten. Tomaten, Knoblauch und Chili einrühren, mit Pfeffer, Zucker und Oregano würzen und bei schwacher Hitze 15 Minuten köcheln lassen.

Inzwischen den Backofen auf 200°C vorheizen. Die beiden restlichen Aubergi-

Moussaka wird von der Türkei bis Marokko serviert.
Das Gericht ist ein Auflauf mit Zutaten aus 1001 Nacht, also sehr vielfältig und immer ein bißchen anders. Wesentliche Konstanten sind Auberginen und natürlich der Knoblauch.

nen auf ein Backblech in den Ofen legen und etwa 15 Minuten garen. Dann das Fruchtfleisch aus der Schale kratzen, fein hacken und zusammen mit dem Lammhack zu den Tomaten in die Pfanne geben. Die Mischung bei schwacher Hitze 10 Minuten köcheln lassen und mit Salz abschmecken.

Bis hierher läßt sich das Gericht gut im voraus zubereiten.

Eine große runde Auflaufform mit etwas Öl ausstreichen und mit 2 Eßlöffel Semmelbröseln ausstreuen. Die gebratenen Auberginenscheiben sternförmig von der Mitte über den Formrand hinaus legen. Die Fleischmasse einfüllen, die restlichen Semmelbrösel daraufstreuen und mit den letzten Auberginenscheiben bedecken. Darüber ein Stück Alufolie legen.

Im Backofen bei 180°C ein Wasserbad vorbereiten, die Form hineinsetzen und die Moussaka gut 30 Minuten garen. Dann aus dem Backofen nehmen, etwas abkühlen lassen und die Moussaka entweder in der Form oder auf eine Platte gestürzt servieren.

Dazu schmeckt folgende Paprikasauce

Die Paprikaschoten waschen, entkernen und in Würfel schneiden. Die Schalotten abziehen und fein hacken.

Das Öl in einer weiten Pfanne erhitzen und die Schalotten darin glasig dünsten. Die Paprikaschoten zugeben und leicht salzen. Harisa mit 2 Eßlöffel Wasser verrühren und zugeben. Das Gemüse 20 Minuten leise köcheln lassen, bis es sehr weich ist. Dann pürieren und mit Salz und Honig abschmecken.

Nährwerte pro Portion
Kilokalorien 460, Kilojoule 1940, Eiweiß/g 16, Kohlenhydrate/g 15, Fett/g 37, Ballaststoffe/g 7,6

Tip

Die scharfe Sauce reicht man zu gegrilltem Fleisch und Geflügel. Nach dem Öffnen hält sie sich im Kühlschrank viele Wochen, wenn man darauf achtet, daß die Paste immer von Olivenöl bedeckt ist.

Harisa

einfach, Blitzrezept

- 500 g reife Tomaten
- 1 EL Tomatenmark
- 1 Knoblauchknolle
- 3 EL Salz
- 250 g frische rote Chilischoten
- 1/4 l natives Olivenöl
- 1 EL Kreuzkümmel

Die Tomaten waschen, in kleine Stücke schneiden und in einer Kasserolle unter Rühren 10 Minuten dünsten.

Die Tomaten abkühlen lassen, durch ein feines Sieb streichen und mit dem Tomatenmark verrühren.

Die Knoblauchzehen abziehen und mit dem Salz in einem Mörser zerstoßen.

Die Chilischoten waschen, entkernen und hacken. Dann im Mörser fein zerstoßen.

Alles mit der Hälfte des Olivenöls und dem Kreuzkümmel zu einer glatten Paste verrühren. In ein Schraubglas füllen, mit dem restlichen Olivenöl bedecken und fest verschließen. An einem nicht zu warmen Ort mindestens 1 Woche ziehen lassen.

Nährwerte insgesamt
Kilokalorien 258, Kilojoule 10790, Eiweiß/g 13, Kohlenhydrate/g 44, Fett/g 252, Ballaststoffe/g 13,9

Hähnchen mit Oliven

einfach, braucht Zeit
4 Portionen

- 1 frisches Brathähnchen, ca. 1,3 kg
- 6 Schalotten
- 1/2 Knoblauchknolle
- 3 Möhren
- 20 g frischer Ingwer
- 4 EL Olivenöl
- abgeriebene Schale von 2 Orangen
- abgeriebene Schale von 1 Zitrone
- 1 TL Rosenpaprika
- Cayennepfeffer
- Salz
- 200 g schwarze Oliven ohne Stein

Das Brathähnchen waschen, mit Küchenpapier trockentupfen und in acht Stücke teilen: An den Flügeln etwas Brust lassen, die restliche Brust als ein Stück, die Keulen halbieren.

Die Schalotten und den Knoblauch abziehen und grob hacken. Die Möhren putzen und in Scheiben schneiden. Den Ingwer schälen und fein hacken.

In einem großen Topf das Öl erhitzen und die Hähnchenteile unter mehrmaligem Wenden darin goldbraun anbraten. Schalotten, Knoblauch, Möhren und Ingwer zufügen und 1 Liter Wasser angießen. Mit der Orangen- und Zitronenschale, Rosenpaprika, Cayennepfeffer und Salz würzen und zum Kochen bringen. Bei kleiner Hitze zugedeckt 1 Stunde köcheln lassen.

Die Oliven zu dem Huhn geben und im offenen Topf so lange weiter kochen lassen, bis sich die Sauce reduziert und etwas eindickt.

Nährwerte pro Portion
Kilokalorien 640, Kilojoule 2700, Eiweiß/g 42, Kohlenhydrate/g 7, Fett/g 49, Ballaststoffe/g 3,9

Tip

Arabische „Fundamentalisten" bereiten Couscous liebevoll und mühsam auf traditionelle Art zu, was sicherlich anerkannt werden muß. Es gibt aber vorbehandelten Couscous-Grieß, der einfach 20 Minuten über Wasserdampf gegart wird oder – noch einfacher – Couscous, parboiled, den man ganz kurz in kochender Flüssigkeit gart. Jedenfalls sollte er anschließend mit Butter vermischt und aufgelockert werden.

Couscous mit Gemüse

einfach, braucht Zeit
6 Portionen

- 400 g Couscous
- 2 g gestoßener Safran
- 1/2 l heiße Brühe
- 40 g Butter
- 2 Möhren
- 2 Zucchini
- 1 Fenchelknolle
- 1 rote Paprikaschote
- 2 frische grüne Chilischoten
- 4 reife Tomaten
- 2 große Gemüsezwiebeln
- 1 Knoblauchknolle
- 4 EL Olivenöl
- 1/2 TL gestoßener Piment
- frisch gemahlener schwarzer Pfeffer
- Salz
- 1 Prise Nelkenpulver
- 1 Prise Zimt

Den Couscous auf eine Platte geben. Das Safranpulver in 150 ml heißer Gemüsebrühe auflösen und den Couscous damit befeuchten, dabei den Couscous mit den Fingerspitzen durchmischen. 15 Minuten quellen lassen.

Den Couscous in ein Sieb füllen, über einen Topf mit kochendem Wasser hängen und zugedeckt im Dampf etwa 20 Minuten garen. Während des Garens zweimal mit der Gabel auflockern. Zuletzt die Butterflöckchen untermischen und den Couscous mit den Fingern fein zerkrümeln.

In der Zwischenzeit das Gemüse waschen und putzen, die Paprika und die Chilischoten entkernen und alles in grobe Würfel schneiden. Die Zwiebeln und den Knoblauch abziehen, Zwiebeln grob hacken, die Knoblauchzehen ganz lassen.

Das Olivenöl in einem großen Topf erhitzen und die Zwiebel darin anbraten. Den Knoblauch zufügen und kurz anrösten. Piment, Pfeffer und etwas Salz unterrühren, dann das Gemüse hineingeben. Mit der restlichen Gemüsebrühe aufgießen und 15 Minuten dünsten.

Den fertigen Couscous mit Salz, Pfeffer, Nelkenpulver und Zimt würzen und auf eine sehr gut vorgewärmte Platte häufen. Das Gemüse darauf verteilen und den Saft über den Couscous träufeln.

Nährwerte pro Portion
Kilokalorien 370, Kilojoule 1550, Eiweiß/g 10, Kohlenhydrate/g 55, Fett/g 11, Ballaststoffe/g 99

Bohnengemüse mit Safran

Die Bohnen über Nacht einweichen.

einfach, braucht Zeit
4 Portionen

- 500 g getrocknete weiße Bohnen
- Salz
- 1 große Gemüsezwiebel
- 6 Knoblauchzehen
- 2 Chilischoten
- 4 feste reife Strauchtomaten
- 2 EL Olivenöl
- 1/2 TL gemahlener Kreuzkümmel
- 1 Messerspitze gemahlener Kardamom
- 1 g gestoßener Safran
- 2 EL Tomatenmark
- 1 Bund Koriandergrün

Die Bohnen in 1 Liter Wasser über Nacht einweichen. Mit dem Wasser in einem Topf aufkochen und zugedeckt 40 Minuten köcheln lassen. 1/2 Teelöffel Salz zugeben und weitere 10 Minuten kochen.

Inzwischen die Zwiebel abziehen und in kleine Würfel schneiden. Die Knoblauchzehen abziehen und fein hacken. Die Chilischoten putzen, waschen, aufschlitzen, entkernen und fein hacken. Die Tomaten waschen, entkernen und in Würfel schneiden.

Das Olivenöl in einer weiten Pfanne erhitzen und die Zwiebeln darin glasig dünsten. Knoblauch, Chilischoten, die Gewürze und 1/2 Teelöffel Salz zugeben und unter Rühren dünsten. Die Tomaten zugeben. Das Tomatenmark mit 2 Eßlöffel Bohnenwasser verrühren und zusammen mit der Mischung aus der Pfanne zu den Bohnen in den Topf geben. Das Gemüse bei schwacher Hitze 20 Minuten köcheln lassen.

Das Koriandergrün waschen, trockenschütteln und die Blätter grob hacken. Das fertige Bohnengemüse in eine Schüssel füllen und mit dem Koriander bestreuen.

Nährwerte pro Portion
Kilokalorien 420, Kilojoule 1750, Eiweiß/g 28, Kohlenhydrate/g 56, Fett/g 8, Ballaststoffe/g 23

Hähnchen-Kichererbsen-Küchlein

Kichererbsen über Nacht einweichen.

einfach, braucht Zeit
4 Portionen

- 150 g Kichererbsen
- 1 frisches Huhn, ca 1,2 kg
- Salz
- 2 große Gemüsezwiebeln
- 1 Knoblauchknolle
- 1/2 TL Kreuzkümmel
- 1 TL Rosenpaprikapulver
- 1 TL gerebelter Oregano
- 1 Messerspitze Cayennepfeffer
- geriebene Schale von 1 ungespritzten Zitrone
- Mehl für die Hände
- Öl zum Fritieren

Die Kichererbsen in einen Topf geben, mit Wasser gut bedecken und über Nacht einweichen. Am nächsten Tag mit dem Einweichwasser zum Kochen bringen und 1 Stunde köcheln.

Das Huhn unter fließendem Wasser abspülen. In einen Topf legen, 1 1/2 Liter Wasser angießen, salzen und etwa 1 Stunde kochen, bis das Huhn weich ist.

Das Huhn aus der Brühe heben, abkühlen lassen und dann das Fleisch mit der Haut von den Knochen lösen.

Die Kichererbsen abschütten.

Die Zwiebeln und den Knoblauch abziehen und grob hacken. Alles durch die feine Scheibe des Fleischwolfs drehen. Die Gewürze, die Zitronenschale und Salz zufügen und das Ganze zu einer geschmeidigen, aber festen Masse verkneten. Die Hände mit Mehl bestäuben, aus der Masse kleine Bällchen formen und platt drücken.

Das Fritierfett auf 180°C erhitzen und die Küchlein portionsweise goldbraun fritieren. Aus dem Fett heben, auf Küchenpapier abtropfen lassen und sehr heiß servieren.

Als Beilage Radieschensauce, siehe Rezept Seite 97, und Fladenbrot reichen.

Nährwerte pro Portion
Kilokalorien 720, Kilojoule 3030, Eiweiß/g 43, Kohlenhydrate/g 24, Fett/g 49, Ballaststoffe/g 5,9

Tip

Das knackige, würzige Radieschengrün gibt der Sauce etwas Besonderes. Sie schmeckt wirklich sehr gut und sollte schnellstens eingebürgert werden. Ideal zu Gegrilltem und zu Fleischfondue.

Radieschensauce

einfach
4 Portionen

- 5 Knoblauchzehen
- 1 TL Salz
- 500 g türkischer Joghurt
- 2 frische rote Chilischoten
- 1 Bund Radieschen
- 1 Bund glatte Petersilie
- 1 EL schwarze Oliven ohne Stein
- 2 EL natives Olivenöl

Die Knoblauchzehen abziehen, hacken und in einem Mörser mit dem Salz zerdrücken. Die Knoblauchpaste gut mit dem Joghurt verrühren.

Die Chilischoten entkernen, fein hacken und zur Joghurtsauce geben.

Die welken Blätter von den Radieschen entfernen, die Radieschen samt Grün sowie die Petersilie waschen und trockenschütteln. Alles hacken, in eine Salatschüssel geben und mit der Joghurtsauce vermischen. Zugedeckt im Kühlschrank 30 Minuten ziehen lassen.

Vor dem Servieren das Olivenöl zugeben und noch einmal gut durchmischen.

Nährwerte pro Portion
Kilokalorien 170, Kilojoule 700, Eiweiß/g 5, Kohlenhydrate/g 7, Fett/g 13, Ballaststoffe/g 0,9

Unglaublich, aber wahr – wer Knoblauch liebt, bringt ihn auch im Rührei unter. Kaum ein arabisches Eiergericht ohne Knoblauch! Eine Zehe pro Person ist Mindestgebot.

Tunesisches Rührei

einfach, Blitzrezept
4 Portionen

- 4 Knoblauchzehen
- 1/2 TL gemahlener Kreuzkümmel
- 1/2 TL Salz
- 250 g kleine reife Strauchtomaten
- 250 g große milde Pfefferschoten
- 4 EL Öl
- 1 TL Harisa (siehe Rezept Seite 92)
- 1 EL Tomatenmark
- 6 Eier
- 1 TL schwarzer Kümmel

Den Knoblauch abziehen, hacken und mit Kreuzkümmel und Salz im Mörser zerstoßen. Tomaten und Pfefferschoten putzen, waschen und entkernen. Die Tomaten in Würfel, die Pfefferschoten quer in 1 cm breite Streifen schneiden.

2 Eßlöffel Öl in einer weiten Pfanne erhitzen, das Knoblauchmus, Tomaten und Pfefferschoten darin andünsten. Harisa und Tomatenmark mit 3 Eßlöffel Wasser verrühren und mit dem Gemüse vermischen. Bei mittlerer Hitze 5 Minuten ziehen lassen.

Inzwischen die Eier verquirlen. Das Gemüse an den Pfannenrand schieben und die restlichen 2 Eßlöffel Öl in die Mitte geben. Auf starke Hitze schalten und die Eier in die Pfanne gießen, kurz stocken lassen und dann Gemüse und Ei großzügig vermischen, bis das Ei nur noch leicht cremig ist.

Mit dem Kümmel bestreuen und sofort servieren.

Nährwerte pro Portion
Kilokalorien 290, Kilojoule 1210, Eiweiß/g 13, Kohlenhydrate/g 8, Fett/g 21, Ballaststoffe/g 2,5

Mangold-Joghurt-Suppe

einfach
4 Portionen

- 500 g Mangold
- 1 Bund Frühlingszwiebeln
- 1 kleine Zwiebel
- 2 EL Olivenöl
- 100 g Reis
- 1 EL gemahlener Koriander
- 1 TL Kurkuma
- frisch gemahlener schwarzer Pfeffer
- Salz
- 1/2 frische Knoblauchknolle
- 500 g türkischer Joghurt
- 1/2 Bund frischer Koriander

Die Mangoldblätter unter fließendem Wasser waschen und grob hacken.

Die Frühlingszwiebeln putzen, die Zwiebel abziehen und beides fein hacken.

Das Öl in einem Topf erhitzen. Die Frühlingszwiebeln und die Zwiebel darin glasig dünsten. Den Reis zufügen und kurz anrösten. Dann den Mangold untermischen, 1 Liter Wasser angießen und mit Koriander, Kurkuma, Pfeffer und 1 Prise Salz würzen. Alles zum Kochen bringen und zugedeckt bei kleiner Hitze 20 Minuten köcheln lassen.

In der Zwischenzeit den Knoblauch abziehen, mit wenig Salz bestreuen und mit einer dicken Messerklinge zerquetschen. Den Knoblauch mit dem Joghurt verrühren.

Den Koriander waschen, trockenschütteln und die Blättchen von den Stengeln streichen.

Die Joghurtsauce unter die Suppe rühren und erhitzen, aber nicht mehr aufkochen. Mit dem frischen Koriander bestreuen und sofort servieren.

Nährwerte pro Portion
Kilokalorien 270, Kilojoule 1140, Eiweiß/g 9, Kohlenhydrate/g 32, Fett/g 11, Ballaststoffe/g 4

Auch die israelische Küche gehört zur arabischen Welt und vereint Rezepte unterschiedlichsten Ursprungs.

Avocadosalat mit Tahini-Joghurt und Granatapfel

einfach, Blitzrezept
4 Portionen

Tahini-Joghurt
- 2 Knoblauchzehen
- 250 ml Joghurt
- 100 ml Tahini (Sesamsauce, siehe Rezept Seite 101)
- 1/2 TL gemahlener Kreuzkümmel
- 1 Prise gemahlener Koriander
- 1 EL Zitronensaft
- 1/4 TL Salz
- frisch gemahlener Pfeffer
- 1 Messerspitze Cayennepfeffer

- 2 reife Avocados
- 2 EL Zitronensaft
- 1 Granatapfel
- 100 g Mandelblätter
- 2–3 Stengel frische Minze

Den Knoblauch abziehen und sehr fein hacken. Den Joghurt mit der Sesamsauce schaumig schlagen, den Knoblauch und alle Gewürze einrühren. Den Tahini-Joghurt zugedeckt in den Kühlschrank stellen.

Die Avocados schälen, der Länge nach halbieren und die Steine entfernen. Jede Avocadohälfte quer in dünne Scheiben

schneiden und sofort mit dem Zitronensaft beträufeln.

Den Granatapfel halbieren und die Kerne mit einer Gabel über einer Schüssel herauskratzen. Alle fleischigen roten Kerne aussortieren und für das Rezept verwenden.

Die Mandelblättchen in einer trockenen, heißen Pfanne goldgelb rösten.

Die Minze waschen, zwischen Küchenpapier trockentupfen und die Blätter entweder grob hacken oder mit den Fingern zupfen.

Die Avocadoscheiben dekorativ auf 4 Teller legen und mit dem Tahini-Joghurt beträufeln.

Granatapfelkerne, Mandelblätter und Minze darüberstreuen.

Nährwerte pro Portion
Kilokalorien 490, Kilojoule 2040, Eiweiß/g 12, Kohlenhydrate/g 7, Fett/g 46, Ballaststoffe/g 8,9

Tahini

Sesamsauce

einfach, Blitzrezept

- 100 g Sesampaste (in Asienläden in Gläsern erhältlich)
- 60 ml frischer Zitronensaft
- 1/4 TL Salz
- 2 Knoblauchzehen

Die Zutaten nacheinander in eine Schüssel geben und mit einer Gabel verrühren: zunächst die Sesampaste mit 60 ml Wasser, dann mit Zitronensaft und Salz.

Den Knoblauch abziehen, sehr fein hacken und ebenfalls zugeben.

Tahini Sesamsauce ist eine Zutat zu anderen Saucen und Gerichten. Im Kühlschrank hält sie sich bis zu 10 Tagen.

In Israel wird Tahini auch häufig mit reichlich gehacktem Koriandergrün oder mit Petersilie vermischt.

Nährwerte insgesamt
Kilokalorien 600, Kilojoule 2500, Eiweiß/g 19, Kohlenhydrate/g 7, Fett/g 56, Ballaststoffe/g 10,9

Zhoug

Grüne Chilipaste

einfach, Blitzrezept, zum Einfrieren

- 100 g grüne Chilischoten
- 2 Bund glatte Petersilie
- 2 Bund Koriandergrün
- 4 Knoblauchzehen
- 1/2 TL Salz
- 1/2 TL frisch gemahlener schwarzer Pfeffer
- 1/2 TL gemahlener Kreuzkümmel
- 1 Messerspitze Kardamompulver

Die Chilischoten waschen, putzen und für mitteleuropäische Zungen auch entkernen. Die Kräuter waschen, trockenschütteln und die Blätter grob hacken. Den Knoblauch abziehen und hacken.

In der elektrischen Küchenmaschine zunächst die Chilischoten pürieren. Dann Petersilie und Koriander zugeben und wieder pürieren. Schließlich Knoblauch, Salz, Pfeffer, Kreuzkümmel und Kardamom zugeben. Noch einmal kurz durchmischen und die Paste entweder einfrieren oder in einem fest verschließbaren Glas im Kühlschrank aufbewahren.

Nährwerte insgesamt
Kilokalorien 90, Kilojoule 360, Eiweiß/g 5, Kohlenhydrate/g 14, Fett/g 0, Ballaststoffe/g 6,3

Zhoug ist typisch jemenitisch und würzt viele Gerichte der Region.

In Israel nimmt man die Dipsauce mit einem Stück Brot auf und ißt sie zum Aperitif oder immer dann, wenn man Lust auf einen kleinen Imbiß hat.

Hummus

Israelische Dipsauce mit Kichererbsen

Die Kichererbsen über Nacht einweichen.

einfach, braucht Zeit

- 350 g Kichererbsen
- 1 TL Backpulver
- Salz
- 4 Knoblauchzehen
- 1/2 TL gemahlener Kreuzkümmel
- 100 ml Tahini (Sesamsauce, siehe Rezept Seite 101)
- 2 Zitronen
- 1 Messerspitze Paprikapulver
- 4 EL Olivenöl

Die Kichererbsen mit dem Backpulver in reichlich Wasser über Nacht einweichen. Am nächsten Tag in dem Wasser 15 Minuten kochen, 1/2 Teelöffel Salz zugeben und weitere 5 bis 10 Minuten kochen. Die weichen Kichererbsen abgießen und etwas von der Kochflüssigkeit aufbewahren. 2 Eßlöffel ganze Kichererbsen zur Seite legen.

Den Knoblauch abziehen und fein hacken. Die Kichererbsen mit Knoblauch, Kreuzkümmel, Tahini und dem Saft der 2 Zitronen mischen und stampfen oder in der elektrischen Küchenmaschine grob pürieren – es sollte eine Sauce mit Biß bleiben. Wenn sie zu dick ist, etwas von der Kochflüssigkeit der Kichererbsen zugeben und die Sauce mit Salz abschmecken.

Hummus verteilt man virtuos auf Teller, indem man die Sauce kreisförmig ausstreicht und in die Mitte eine kleine Mulde drückt. Mit Paprikapulver bestäuben, das Olivenöl in die Vertiefungen träufeln und die restlichen Kichererbsen dekorativ aufstreuen.

Nährwerte insgesamt
Kilokalorien 1850, Kilojoule 8160, Eiweiß/g 74, Kohlenhydrate/g 174, Fett/g 103, Ballaststoffe/g 48

„Alle Wohlgerüche Arabiens", bei diesem geflügelten Wort denken Poeten, Kalifen und schöne Haremsdamen an zauberhafte arabische Rosengärten, an duftende Früchte und würzige Spezereien. Sie alle haben recht. Aber auch der Knoblauchduft ist ein Wohlgeruch Arabiens, anregend und äußerst verführerisch.

Die fernöstlic

he Knoblauchküche

Der Ferne Osten ist immens, und unser Buch geht leider bald zu Ende. Wir mußten aus dem Überangebot an köstlichen asiatischen Knoblauchgerichten auswählen und haben uns für Indochina entschieden. In den Küchen von Burma bis Vietnam ist Knoblauch allgegenwärtig, und Thailand, als kulinarisches Zentrum, beeinflußt inzwischen auch die europäische Küche.

Während uns die Zubereitungen in Transsilvanien und rund ums Mittelmeer relativ vertraut sind, laufen Kochen und Essen in Asien ganz anders ab.

Asiaten investieren viel Zeit in die Vorbereitung: liebevolles Putzen, Schneiden, Schnitzen und mühevolles Zubereiten der vielen Würzmischungen und Saucen.

Zum Kochen hingegen brauchen sie oft nur wenige Minuten pro Gericht, und das Essen am Tisch geschieht für unsere Begriffe sehr hastig. Fast alle Gerichte werden gleichzeitig serviert, lauwarm und in kleinen Mengen. Auch Suppen begleiten Fisch- und Fleischgerichte oder werden sogar zuletzt gereicht.

Andere Länder, andere Sitten. Die Gerichte selbst sind jedenfalls köstlich, zumal, wenn genügend Knoblauch dabei ist.

Gemüse, Gewürze und Kräuter aus Indochina. Ihre Exotik, die Andersartigkeit, macht den Reiz aus und verführt zum Experimentieren. Probieren Sie Rezepte, zu denen Sie die Originalzutaten – frisch oder getrocknet – bekommen. Nicht alles ist beliebig austauschbar. Rund um die unglaublich langen Schlangenbohnen sehen Sie von unten Mitte im Uhrzeigersinn: Zitronenblätter vor Tamarindenschoten, Zitronengras, rundliche Thai-Chilischoten (sehr scharf), Kurkumawurzel, Thai-Koriander mit Wurzel, Thai-Basilikum, Pak Soy (ähnlich wie Mangold), frische Tongku-Pilze (Shiitake), grüne Gemüsemango, Süßkartoffel, würzige, aber saftlose Kaffirzitronen, Ingwerwurzel, rote Thai-Schalotten und winzige Auberginen.

Tip

Diese thailändische Gemüsemischung mit Knoblauch ist nicht nur ein feines Gericht, sondern auch eine Standardbeilage zu Fleisch- und Fischgerichten in der Region.

Gemüse aus dem Wok „Phad Pak"

einfach
4 Portionen

- 800 g gemischtes Gemüse, wie z. B. Lauch, Chinakohl, Brokkoli, Karotten, rote und grüne Paprikaschoten, Zucchini, Pilze, Zuckererbsen, grüne Bohnen und Bambussprossen
- 4 Frühlingszwiebeln
- 100 g frische Sojabohnensprossen
- 4 Knoblauchzehen
- 6 EL Öl
- 2 EL Fischsauce
- 2 EL helle Sojasauce
- 2 EL Austernsauce
- frisch gemahlener schwarzer Pfeffer

Das Gemüse waschen, putzen und in mundgerechte Stücke schneiden. Die Sojabohnensprossen verlesen. Die Knoblauchzehen abziehen und fein hacken.

Das Öl im Wok erhitzen und den Knoblauch darin andünsten. Die Gemüsesorten außer den Frühlingszwiebeln und den Sojabohnensprossen zugeben und bei starker Hitze unter Rühren 2 Minuten dünsten.

Fischsauce, Sojasauce und Austernsauce zugeben und alles gut verrühren. Frühlingszwiebeln und Sojabohnensprossen untermischen und das Gemüse mit Pfeffer abschmecken. Sofort servieren.

Nährwerte pro Portion
Kilokalorien 260, Kilojoule 1100, Eiweiß/g 8, Kohlenhydrate/g 11, Fett/g 20, Ballaststoffe/g 7,5

Die Ente ist im Fernen Osten noch beliebter als bei uns. Sie wird auch in der Suppe gekocht, und die Entenbrühe schmeckt ausgezeichnet.

Entensuppe mit Bambus

einfach, braucht Zeit
4 Portionen

- 1 kleine Ente, ca. 1,2 kg
- Salz
- 1 EL getrocknetes Zitronengras
- 3 Knoblauchzehen
- 1 g gestoßener Safran
- 1/4 TL Kurkumapulver
- 20 g frische Ingwerwurzel
- 250 g Bambussprossen aus der Dose
- 1 kleine Zwiebel
- 2 EL Nuoc-Mam-Sauce oder Sojasauce
- frisch gemahlener Pfeffer
- 1 Bund Frühlingszwiebeln
- 2 frische kleine Chilischoten (rot und grün)

Die Innereien aus der Ente entfernen. Die Ente waschen und vierteln. Mit 2 Liter Wasser, 1 gestrichenen Eßlöffel Salz und dem Zitronengras in einem hohen Topf geben. Die Knoblauchzehen abziehen, halbieren, zugeben und die Ente 90 Minuten kochen.

Die Ente herausheben, etwas abkühlen lassen, entbeinen und häuten und in mundgerechte Streifen schneiden. Die Brühe durch ein feines Sieb gießen und den Suppentopf auswaschen. Das Fleisch und die Brühe wieder in den Topf geben, Safran und Kurkuma einrühren und die Suppe weitere 15 Minuten köcheln lassen.

Den Ingwer schälen und im ganzen in die Suppe geben, um ihn vor dem Servieren wieder zu entfernen, oder in feine Streifen schneiden und in der Suppe lassen. Den Bambus in mundgerechten Stücken in die Suppe geben. Die Zwiebel abziehen und in sehr feine Streifen schneiden, in der Suppe garen und die Brühe mit Nuoc-Mam-Sauce und etwas Pfeffer abschmecken.

Die Frühlingszwiebeln waschen, putzen und in etwa 5 cm lange Streifen schneiden. Die Chilischoten der Länge nach aufschlitzen, entkernen und in sehr feine Ringe schneiden. Frühlingszwiebeln und Chili in kleinen Schälchen getrennt zur Suppe reichen. Jeder nimmt sich selbst die gewünschte Menge.

Nährwerte pro Portion
Kilokalorien 530, Kilojoule 2210, Eiweiß/g 60, Kohlenhydrate/g 4, Fett/g 31, Ballaststoffe/g 2,5

Thailändische Gurkensuppe

einfach, zum Einfrieren
4 Portionen

- 250 g Hähnchenbrustfleisch
- 100 g rohe, ungeschälte Garnelenschwänze
- 4 frische Tongku-Pilze (Shiitake)
- 1 große Salatgurke
- 4 Knoblauchzehen
- 1 EL Öl
- 1 Zwiebel
- 3 Frühlingszwiebeln
- 3 Korianderwurzeln (Thai-Koriander)
- 800 ml kräftige Hühnerbrühe
- 1 EL Sojasauce
- 2 EL Fischsauce
- frisch gemahlener Pfeffer

Das Hähnchenfleisch waschen, trockentupfen und in feine Streifen schneiden. Die Garnelen waschen, schälen, am Rücken einritzen und die Därme entfernen.

Von den Pilzen die Stiele entfernen, die Kappen putzen und vierteln. Die Gurke schälen, der Länge nach halbieren, mit einem Teelöffel entkernen und das Gurkenfleisch in kleine Würfel schneiden.

Die Knoblauchzehen abziehen, fein würfeln und in einem kleinen Pfännchen im heißen Öl goldgelb dünsten.

Die Zwiebel abziehen und fein würfeln. Die Frühlingszwiebeln waschen, putzen, in 5 cm lange Stücke und der Länge nach in feine Streifen schneiden. Die Korianderwurzeln waschen und putzen.

Die Hühnerbrühe zum Kochen bringen. Korianderwurzeln, Sojasauce, Fischsauce, Pilze, Gurken- und Zwiebelwürfel dazugeben und 2 Minuten köcheln lassen.

Das Hähnchenfleisch und den gedünsteten Knoblauch samt Öl zugeben und die Suppe kurz aufwallen lassen.

Die Garnelen und die Frühlingszwiebeln zugeben, den Topf vom Herd nehmen und die Suppe zugedeckt 2 Minuten ziehen lassen. Die Korianderwurzeln entfernen und die Suppe mit frisch gemahlenem Pfeffer abschmecken.

Nährwerte pro Portion
Kilokalorien 160, Kilojoule 660, Eiweiß/g 21, Kohlenhydrate/g 7, Fett/g 5, Ballaststoffe/g 2,4

Garnelen-Mango-Salat

einfach
4 Portionen

- 300 g rohe, ungeschälte Garnelenschwänze
- 1 nicht zu reife, feste Mango
- 6 rote Thai-Schalotten oder 2 rote Zwiebeln
- 50 g frische Ingwerwurzel
- 4 Knoblauchzehen
- 2 rote und 2 grüne Chilischoten
- 3 Stengel Koriandergrün
- 3 EL Fischsauce

Die Garnelenschwänze waschen, schälen, am Rücken aufschlitzen und die Därme entfernen.

Die Mango schälen, das Fleisch vom Kern lösen und in dünne Scheiben schneiden, dann in Streifen und in Würfel. Die Schalotten abziehen und fein würfeln. Den Ingwer schälen, erst in dünne Scheiben, dann in feinste Streifen schneiden. Die Knoblauchzehen abziehen und fein hacken. Die Chilischoten waschen, putzen, entkernen und fein hacken. Den Koriander waschen, trockentupfen und die Blättchen abzupfen.

In einem Topf reichlich Wasser zum Kochen bringen. Die Garnelen 1 bis 2 Minuten im kochenden Wasser garen, dann abgießen und abtropfen lassen.

Schalotten, Knoblauch, Chilischoten und Fischsauce rühren. Mit den Garnelen und den Mangowürfeln vermischen. Zuletzt den Ingwer und die Korianderblättchen unterziehen und den Salat vor dem Servieren 30 Minuten im Kühlschrank ziehen lassen.

Nährwerte pro Portion
Kilokalorien 130, Kilojoule 550, Eiweiß/g 13, Kohlenhydrate/g 15, Fett/g 2, Ballaststoffe/g 2,9

Wie wir den Salat, so bereiten burmesische Hausfrauen täglich ein frisches Chutney zu.
Die Chilischoten geben der Mischung die Schärfe. Wer es milder mag, nimmt statt dessen nur 1 Messerspitze Cayennepfeffer. Reste halten sich im Kühlschrank 2 bis 3 Tage.

Mango-Chutney

einfach, braucht Zeit

- 150 g Sultaninen
- 2 feste Mangos
- 1 Paprikaschote
- 3 frische rote Chilischoten
- 1 nußgroßes Stück frischer Ingwer
- 2 Knoblauchzehen
- 1 Handvoll Korianderblätter oder glatte Petersilie
- 1 TL Salz
- 1/8 l Limettensaft

Die Sultaninen in einer Schüssel mit lauwarmem Wasser bedeckt einweichen.

Mangos schälen, vom Kern schneiden und würfeln. Die Paprikaschote waschen, halbieren und entkernen. Paprikahälften in Quadrate schneiden. Chilischoten waschen, putzen, entkernen und in Streifen schneiden. Ingwer schälen und in dünne Scheiben schneiden. Knoblauch abziehen und grob hacken.

Die Sultaninen in einem Sieb abtropfen lassen. Zusammen mit den vorbereiteten Zutaten und den Korianderblättern fein hacken, bis alles klein und gut vermischt ist. Das Salz darüberstreuen und nochmals gründlich durchhacken. Dann in einer Schüssel mit dem Zitronensaft verrühren.

Mango-Chutney schmeckt zu Rind, Schwein, Lamm, zu Geflügel, gebratenem Fisch und zur Kalten Platte.

Variation: Statt Mangos unreife Papayas verwenden. Tomaten oder feingehackte, frische Kokosnuß untermischen.

Nährwerte insgesamt
Kilokalorien 860, Kilojoule 3610, Eiweiß/g 8, Kohlenhydrate/g 188, Fett/g 3, Ballaststoffe/g 21,7

Drei thailändische Würzsaucen

einfach, zum Einfrieren

A. Scharfe Honigsauce mit Knoblauch
- 1 große rote Paprikaschote
- 4 große rote Pfefferschoten
- 4 rote Chilischoten
- 4 Knoblauchzehen
- 4 EL helle Sojasauce
- 1 EL dunkle Sojasauce
- 50 g Ingwerwurzel
- 200 g heller, flüssiger Honig
- 200 ml milder Weißwein- oder Obstessig
- 2 EL Öl
- 2 EL Zucker
- 1 TL Salz

B. Chilipaste mit Knoblauch
- 8 Schalotten
- 8 Knoblauchzehen
- 150 g getrocknete Garnelen
- 50 g getrocknete Chilischoten
- 100 ml Öl
- 2 EL Tamarindenmus
- 3 EL Fischsauce
- 2 EL Honig

C. Rohe Chilisauce
- 10 rote und 10 grüne Chilischoten
- 8 Knoblauchzehen
- 2 EL Zucker
- 10 EL Fischsauce
- 8 EL Limettensaft

A. Scharfe Honigsauce mit Knoblauch

Die Paprikaschote waschen, putzen, entkernen und in Würfel schneiden. Pfefferschoten und Chilischoten waschen, putzen, entkernen und die Schoten grob hacken. Die Knoblauchzehen abziehen und halbieren. Paprika, Pfeffer- und Chilischoten und den Knoblauch mit den beiden Sojasaucen in die Küchenmaschine geben und zerkleinern, nicht pürieren!

Den Ingwer schälen und mit einem Fleischklopfer flach drücken, bis er stark duftet. Die zerkleinerten Zutaten aus der Küchenmaschine, das ganze Ingwerstück, Honig, Essig und alle anderen Zutaten in einen Topf geben und auf schwacher Hitze so lange kochen, bis die Sauce stark eindickt. Beim anschließenden Erkalten soll sie zähflüssig werden. Das Ingwerstück entfernen.

B. Chilipaste mit Knoblauch

Die Schalotten und die Knoblauchzehen abziehen und fein würfeln. Die getrockneten Garnelen im Mörser fein zerstoßen oder in der Küchenmaschine zerkleinern. Die Chilischoten ebenfalls hacken oder in der Küchenmaschine grob zerkleinern.

Das Öl in einer Pfanne erhitzen, Schalotten, Knoblauch und Chilischoten bei mittlerer Hitze unter Rühren anbraten. Aus der Pfanne heben und abkühlen lassen.

Die Mischung im Mörser zerstoßen und im verbliebenen Öl in der Pfanne ein zweites Mal erhitzen. Die gestoßenen Garnelen zugeben und kurz anbraten.

Das Tamarindenmus mit der Fischsauce verrühren und samt dem Honig in die Pfanne geben. Alles gut vermischen und dann abkühlen lassen.

C. Rohe Chilisauce

Die Chilischoten waschen, putzen, entkernen und in feine Ringe schneiden. Die Knoblauchzehen abziehen und fein würfeln. Chili und Knoblauch mit Zucker, Fischsauce und Limettensaft gut verrühren.

A *Nährwerte insgesamt*
Kilokalorien 1170, Kilojoule 4890, Eiweiß/g 14, Kohlenhydrate/g 207, Fett/g 29, Ballaststoffe/g 16

B *Nährwerte insgesamt*
Kilokalorien 1660, Kilojoule 6960, Eiweiß/g 103, Kohlenhydrate/g 57, Fett/g 110, Ballaststoffe/g 9,4

C *Nährwerte insgesamt*
Kilokalorien 380, Kilojoule 1570, Eiweiß/g 20, Kohlenhydrate/g 55, Fett/g 8, Ballaststoffe/g 13,4

Kokosmilch

einfach, Blitzrezept zum Einfrieren

Für viele tropische Gerichte – ob pikant oder süß – wird Kokosmilch verwendet. Damit ist meistens nicht die Flüssigkeit in den unreifen Nüssen gemeint, die eher als Kokosnußwasser bezeichnet wird. Kokosmilch schmeckt intensiver als das natürliche Kokosnußwasser. Man bereitet sie wie folgt zu:

100 g Kokosraspel (frisch oder getrocknet) mit 1/4 Liter kochendem Wasser oder Milch (je nach Rezept) übergießen. Bis auf Handwärme abkühlen lassen und kräftig durchkneten. Ein Haarsieb auf eine Schüssel setzen und mit einem Passiertuch auslegen. Die Masse hineingießen und gründlich auspressen.

Es gibt Kokosmilch auch in Dosen zu kaufen. Da die Zubereitung aber so einfach ist, lohnt es sich kaum, das teure Fertigprodukt zu verwenden.

Die eingedickte Kokoscreme, die ebenfalls in Dosen angeboten wird, eignet sich für pikante Gerichte meist nicht, weil sie stark gesüßt ist.

Hähnchencurry in Kokossauce

einfach
4 Portionen

- 1 große feste Ananas
- 400 g Hähnchenbrustfleisch
- 4 Zitronenblätter
- 2 Thai-Basilikumzweige
- 2 große rote Pfefferschoten
- 2 Knoblauchzehen
- 400 ml Kokosmilch
- 1 EL rote Currypaste
- 3 EL Fischsauce
- 1 EL Honig

Die Ananas aufstellen und senkrecht etwa ein Drittel davon abschneiden. Die Ananas aushöhlen und den Rand zackenförmig einschneiden. 200 g von dem Ananasfleisch abwiegen und in gleichmäßige Würfel schneiden.

Das Hähnchenfleisch waschen, trockentupfen und in mundgerechte Streifen schneiden.

Die Zitronenblätter waschen, trockentupfen und in Streifen schneiden. Basilikum waschen, trockenschütteln und die Blätter grob zerzupfen. Die Pfefferschoten waschen, putzen, der Länge nach zweimal halbieren und die Kerne entfernen. Den Knoblauch abziehen und fein hacken.

8 Eßlöffel Kokosmilch mit der Currypaste im Wok verrühren und 1 bis 2 Minuten sanft erhitzen. Das Hähnchenfleisch zugeben und kurz erhitzen. Ananaswürfel, Pfefferschoten, Knoblauch, Fischsauce, Honig und Zitronenblätter einrühren und die restliche Kokosmilch zugießen. Das Gericht kurz aufkochen lassen, abschmecken und die Basilikumblätter einrühren.

Zum Servieren das Hähnchencurry in die ausgehöhlte Ananas füllen und gedämpften Duftreis dazu reichen.

Nährwerte pro Portion
Kilokalorien 260, Kilojoule 1070, Eiweiß/g 26, Kohlenhydrate/g 32, Fett/g 2, Ballaststoffe/g 3,5

Garnelen in Kokosmilch

einfach
4 Portionen

- 600 g rohe, ungeschälte Garnelenschwänze
- 1 rote Chilischote
- 3 Zitronenblätter
- 2 Knoblauchzehen
- 1/2 Bund Koriandergrün
- 400 ml Kokosmilch (Dose)
- 1 1/2 EL rote Currypaste
- 3 EL Fischsauce
- 1 TL gemahlener Koriander

Die Garnelen waschen, schälen und dabei evtl. die Schwanzflossen stehenlassen. Die Rücken aufschlitzen und die Därme entfernen.

Die Chilischote waschen, putzen und entkernen. Den Knoblauch abziehen und fein hacken. Die Zitronenblätter waschen und trockentupfen. Chilischote und Zitronenblätter in feinste Streifen schneiden.

Den Koriander waschen, trockenschütteln und die Blättchen fein zupfen oder grob hacken.

6 Eßlöffel Kokosmilch in einem Topf erhitzen und die Currypaste einrühren. Chilischote, Knoblauch, Fischsauce und gemahlenen Koriander zugeben und mit der restlichen Kokosmilch aufgießen.

Die Milch kurz kochen lassen, dann die Garnelen zugeben und auf schwache Hitze schalten. Die Garnelen je nach Größe 2 bis 3 Minuten ziehen lassen.

Das fertige Gericht mit Zitronen- und Korianderblättern bestreuen.

Nährwerte pro Portion
Kilokalorien 140, Kilojoule 590, Eiweiß/g 22, Kohlenhydrate/g 7, Fett/g 3, Ballaststoffe/g 0,8

Reisnudeln mit Knoblauch und Rinderfilet

einfach
4 Portionen

- 4 Knoblauchzehen
- 4 Schalotten
- 2 rote und zwei grüne Chilischoten
- 200 g breite Reisnudeln
- 300 g Rinderfilet
- 2–3 Thai-Basilikumzweige
- 4 EL Öl
- 1/2 TL Salz
- 3 EL Fischsauce
- 1 EL Zucker
- 2 EL Essig

Die Knoblauchzehen und die Schalotten abziehen und grob hacken. Die Chilischoten waschen, putzen und entkernen. Alles zusammen im Mörser zerstoßen oder in der Küchenmaschine grob zerkleinern.

Die Reisnudeln 10 Minuten in lauwarmem Wasser einweichen, abgießen und mit der Schere in 10 cm lange Stücke schneiden. Das Rinderfilet (wie für Geschnetzeltes) in feine Streifen schneiden. Die Basilikumzweige waschen, trockenschütteln und die Blätter grob zerzupfen.

Das Öl im Wok erhitzen und die Mischung aus Knoblauch, Schalotten und Chili darin unter Rühren anbraten.

Die Filetstreifen zugeben, laufend wenden und leicht salzen. Fischsauce, Zucker, Essig und 4 Eßlöffel Wasser einrühren. Die Reisnudeln zugeben und 1 Minute unter Rühren erhitzen. Zuletzt das Basilikum unterziehen und das Gericht sofort servieren.

Nährwerte pro Portion
Kilokalorien 410, Kilojoule 1720, Eiweiß/g 24, Kohlenhydrate/g 41, Fett/g 16, Ballaststoffe/g 3,6

Diese Suppe gehört traditionell zu dem burmesischen Gericht Mandalay Nangyi, das ein Salat aus dicken Reisnudeln und Hühnercurry ist.

Mandalay Nangyi Suppe

einfach, Blitzrezept, zum Einfrieren
4 Portionen

- 1 l kräftige Hühnerbrühe
- 1 nußgroßes Stück Ingwerwurzel
- 2 Knoblauchzehen
- 1 Handvoll Sellerieblätter
- 1 Lauchstange
- 4 Pfefferkörner
- 1 EL Fischsauce

Die Hühnerbrühe erhitzen. Den Ingwer schälen und fein hacken. Den Knoblauch abziehen und ebenfalls fein hacken. Die Sellerieblätter waschen, trockenschütteln und grob hacken. Den Lauch putzen, waschen und bis in den hellgrünen Teil hinein in feine Ringe schneiden.

Ingwer, Knoblauch, Pfefferkörner und Fischsauce in die heiße Brühe geben und 10 Minuten köcheln lassen.

Die Brühe auf Raumtemperatur abkühlen lassen und die Sellerieblätter und Lauchringe einstreuen.

Nährwerte pro Portion
Kilokalorien 25, Kilojoule 105, Eiweiß/g 2, Kohlenhydrate/g 3, Fett/g 20, Ballaststoffe/g 1,3

Reisnudelsalat mit Hühnercurry Mandalay Nangyi

einfach, braucht Zeit
4 Portionen

Hühnercurry
- 1 Hähnchen
- 1 EL Fischsauce
- 1 TL Salz
- 1 nußgroßes Stück Ingwer
- 3 Knoblauchzehen
- 1 kleine Zwiebel
- 2 reife Strauchtomaten
- Erdnußöl
- 1 Messerspitze Kurkumapulver
- 1 Messerspitze Paprikapulver

Garnitur
- 2 EL Kichererbsenmehl
- 1 kleine Zwiebel
- 1 dünne Lauchstange
- 1 Bund Koriander
- 2 Knoblauchzehen
- 4 EL Fischsauce
- 1 EL gestoßene, getrocknete rote Chilischoten
- 2 Limetten

- 200 g dicke Reisnudeln

Das Hähnchen gründlich waschen, trockentupfen und in 4 Stücke teilen. Mit Fischsauce und Salz einreiben und 15 Minuten marinieren lassen.

Den Ingwer schälen und fein hacken. Den Knoblauch und die Zwiebel abziehen, den Knoblauch fein, die Zwiebel grob hacken. Die Tomaten kurz brühen, häuten, entkernen und in Würfel schneiden.

3 Eßlöffel Öl in einem Wok oder in einer tiefen Pfanne erhitzen. Ingwer, Knoblauch, Kurkuma und Paprikapulver zugeben und über schwacher Hitze 2 Minuten rühren. Dann die Zwiebel und die Hähnchenteile zugeben und etwa 10 Minuten rundherum braten. Die Tomatenwürfel zugeben, 1/4 Liter Wasser angießen und den Wok zudecken. Das Hühnercurry etwa 20 Minuten bei mittlerer Hitze köcheln lassen, bzw. bis das Hühnerfleisch weich ist.

Das Gericht etwas abkühlen lassen. Die Hähnchenteile entbeinen, das Fleisch in mundgerechte Würfel schneiden und wieder mit der Currysauce vermischen.

Für die Garnitur 2 Eßlöffel Kichererbsenmehl in der trockenen Pfanne rösten, bis es Farbe annimmt. Die Zwiebel abziehen und

Dieses Gericht ist eine Spezialität aus Mandalay, der alten Königsstadt im Herzen Burmas. Das Wort „Nangyi" heißt „dicke Schnur"und bezieht sich auf die ziemlich dicken Reisnudeln. Mandalay Nangyi wird immer mit einer pikant gewürzten Hühnerbrühe serviert. Das Rezept dazu finden Sie Seite 118 oben.

in möglichst dünne Ringe schneiden. Den Lauch putzen, waschen und ebenfalls in dünne Ringe schneiden. Den Koriander waschen, trockenschütteln und die Blätter grob hacken. Die Knoblauchzehen abziehen, quer in dünne Scheiben schneiden und mit 1 Teelöffel Öl goldgelb rösten. Die gestoßenen Chilischoten zugeben und noch einmal kurz über starker Hitze wenden, dann gleich aus der Pfanne nehmen, damit der Knoblauch nicht zu dunkel wird. Die Limetten je nach Größe in 8 oder 12 Spalten schneiden.

Die Reisnudeln in eine weite Schüssel legen, mit kochendem Wasser übergießen, bis sie bedeckt sind und 15 Minuten stehen lassen. Dann abgießen und gut abtropfen lassen.

Hühnercurry, Reisnudeln und Garnitur werden getrennt serviert. Jeder nimmt sich zunächst Reisnudeln auf seinen Teller, verteilt darüber das Curry und bestreut das Gericht mit allem, was zur Garnitur gehört. Dann mischt sich jeder seinen Reisnudelsalat und preßt Limettensaft darüber.

Das Gericht wird lauwarm gegessen, ebenso wie die dazu obligate Mandalay Nangyi Suppe.

Nährwerte pro Portion
Kilokalorien 660, Kilojoule 2770, Eiweiß/g 50, Kohlenhydrate/g 43, Fett/g 31, Ballaststoffe/g 5,5

Burmesische Salate mit Gurke

einfach
4 Portionen

A. Gurkensalat
- 1 Salatgurke
- 1 TL Zucker
- 2 EL Obstessig
- 2 EL Sesamsaat
- 3 grüne Chilischoten
- 3 Knoblauchzehen
- 2 Selleriestengel
- Salz

B. Salat mit Schweinefleisch und Gurke
- 400 g Reste von gebratenem oder gekochtem Schweinefleisch
- 1 kleine Salatgurke
- 2 Schalotten
- 3 Knoblauchzehen
- 2 rote Chilischoten
- 1/2 Bund Koriandergrün
- 2 EL Essig
- 2 EL helle Sojasauce
- Salz

A. Gurkensalat

Das Besondere und Typische an diesem Salat ist, wie die Gurke geschnitten wird: Die Gurke schälen und quer in 3–4 cm lange Stücke schneiden. Das Gurkenfleisch mit einem scharfen Messer etwa 3 mm dick von dem Stück schälen. Rundherum weiterschälen, ohne die Spirale zu zerbrechen, bis das Messer auf die Kerne trifft. Das Gurkeninnere entfernen, die Spirale zusammenrollen und davon 3 mm dicke Scheiben abschneiden. So erhalten Sie Gurkennudeln! Mit den anderen Gurkenstücken ebenso verfahren.

Die Gurkennudeln in einer Schüssel mit Zucker und Obstessig vermischen und ziehen lassen.

Die Sesamsaat in einer trockenen, heißen Pfanne goldgelb rösten und dann im Mörser leicht stoßen. Die Chilischoten waschen, putzen, entkernen und in feinste Ringe schneiden. Den Knoblauch abziehen und fein hacken. Die Selleriestangen waschen, abziehen und in kleine Würfel schneiden.

Alle Zutaten in der Schüssel gründlich vermischen und mit Salz abschmecken.

B. Salat mit Schweinefleisch und Gurke

Das Schweinefleisch in feine, mundgerechte Streifen schneiden.

Die Gurke schälen, der Länge nach halbieren und mit einem Löffel die Kerne herauskratzen. Die Gurkenhälften quer in 5 cm lange Stücke schneiden und dann längs in Stäbchen wie Streichhölzer.

Die Schalotten und die Knoblauchzehen abziehen und fein hacken. Die Chilischoten waschen, putzen, entkernen und fein hacken. Das Koriandergrün waschen, trockenschütteln und die Blättchen grob hacken.

Alle vorbereiteten Salatzutaten in einer Schüssel vermischen und mit Essig, Sojasauce und etwas Salz abschmecken. 15 Minuten durchziehen lassen.

A *Nährwerte pro Portion*
Kilokalorien 50, Kilojoule 210, Eiweiß/g 2, Kohlenhydrate/g 4, Fett/g 3, Ballaststoffe/g 1,6

B *Nährwerte pro Portion*
Kilokalorien 140, Kilojoule 600, Eiweiß/g 26, Kohlenhydrate/g 3, Fett/g 3, Ballaststoffe/g 1

Burmesischer Garnelensalat

einfach
4 Portionen

- ♦ 2 EL getrocknete Wolkenohrpilze
- ♦ 400 g rohe, ungeschälte Garnelenschwänze
- ♦ Salz
- ♦ 3 Frühlingszwiebeln
- ♦ 2 Knoblauchzehen
- ♦ 4 zarte Zitronenblätter
- ♦ 1 große Limette
- ♦ 1–2 Messerspitzen Chilipulver
- ♦ 2 EL Fischsauce

Die Pilze in reichlich warmem Wasser einweichen.

Die Garnelen waschen und schälen. Je nach Größe, die Därme entfernen. In einem Topf knapp mit Wasser bedecken, 1/2 Teelöffel Salz einstreuen und die Garnelen bei schwacher Hitze 5 Minuten ziehen lassen. Dann abgießen und gut abtropfen lassen.

Die Frühlingszwiebeln waschen, putzen, in 5 cm lange Stücke schneiden und der Länge nach in feine Streifen. Die Knoblauchzehen abziehen und fein hacken. Die Zitronenblätter waschen, eng zusammenrollen und in feinste Streifen schneiden.

Die gequollenen Pilze gründlich waschen, putzen und klein zerzupfen. Mit den anderen Salatzutaten mischen.

Die Limette ausdrücken und den Saft mit Chilipulver und Fischsauce verrühren. Die Marinade über den Salat träufeln und gut durchmischen. Eventuell mit mehr Limettensaft oder Chili abschmecken.

Nährwerte pro Portion
Kilokalorien 100, Kilojoule 410, Eiweiß/g 16, Kohlenhydrate/g 4, Fett/g 2, Ballaststoffe/g 1

Meeresfrüchte mit Knoblauch und Zitronenblatt

einfach
4 Portionen

- 500 g Venusmuscheln
- 2 küchenfertige Tintenfische
- 400 g ganze, rohe Garnelen
- 3 Schalotten
- 5 Knoblauchzehen
- 1 rote und 1 grüne Chilischote
- 4 große frische Tongku-Pilze (Shiitake)
- 2 Thai-Basilikumzweige
- 6 Zitronenblätter
- 4 EL Öl
- 1 EL Austernsauce
- 3 EL Fischsauce

Die Muscheln unter fließendem, kalten Wasser mehrmals waschen und dann in frischem Wasser stehenlassen. Geöffnete Muscheln wegwerfen.

Die Tintenfische waschen, die Köpfe mit den Fangarmen halbieren oder vierteln und die Körpersäcke in Ringe schneiden.

Die Garnelen gründlich waschen und abtropfen lassen.

Die Schalotten und die Knoblauchzehen abziehen. Die Chilischoten waschen, putzen, entkernen und zusammen mit Schalotten und Knoblauch hacken. Danach die Mischung im Mörser grob zerstoßen.

Von den Tongku-Pilzen die Stiele entfernen, die Kappen putzen und in Streifen schneiden. Basilikumzweige und Zitronenblätter waschen, trockentupfen und die Blätter grob zerzupfen.

Das Öl im Wok erhitzen und Schalotten, Knoblauch und Chilischoten darin andünsten. Die abgetropften Venusmuscheln und die Garnelen mit Austern- und Fischsauce zugeben, verrühren und im geschlossenen Wok bei stärkster Hitze 1 bis 2 Minuten garen. Die Tintenfische und die Pilze zugeben und im offenen Wok eine weitere Minute rühren. Alle Muscheln, die sich nicht geöffnet haben, wegwerfen und die Meeresfrüchte mit den Basilikum- und Zitronenblättern vermischen. Sofort servieren.

Nährwerte pro Portion
Kilokalorien 350, Kilojoule 1470, Eiweiß/g 41, Kohlenhydrate/g 10, Fett/g 16, Ballaststoffe/g 1,5

Scharfe Garnelen mit würzigen Glasnudeln

einfach
4 Portionen

- 400 g rohe, ungeschälte Garnelenschwänze
- 50 g frische Galgantwurzel
- 1 Zitronengrasstengel
- 4 Zitronenblätter
- 2 Thai-Korianderzweige
- 4 Knoblauchzehen
- 3 Schalotten
- 100 g feine Glasnudeln
- 2 TL gestoßene, getrocknete Chilischoten
- 1/4 l Hühnerbrühe
- 3 EL Fischsauce
- 4 EL frischer Limettensaft
- 1 EL Honig

Die Garnelenschwänze waschen, schälen, am Rücken einritzen und die Därme entfernen.

Galgantwurzel und Zitronengras schälen, putzen, in große Stücke schneiden und mit dem Fleischklopfer leicht quetschen, bis sie intensiv duften. Die Zitronenblätter waschen, trockentupfen und grob zerkleinern. Die Korianderzweige waschen, trockentupfen, die Blättchen abzupfen und hacken. Den Knoblauch und die Schalotten abziehen und grob hacken.

Die Glasnudeln 5 Minuten in lauwarmem Wasser einweichen. Mit der Schere in 10 cm lange Stücke schneiden und in einem Durchschlag abtropfen lassen.

Den Wok trocken erhitzen. Knoblauch, Schalotten und getrocknete Chilischoten rösten, bis sie duften. Aus dem Wok nehmen und im Mörser zerstoßen.

Die Hühnerbrühe im Wok erhitzen und alle Zutaten außer Garnelen, Glasnudeln und Koriandergrün 2 Minuten im Wok kochen lassen.

Die Garnelen einrühren, dann die Glasnudeln und miteinander 1 Minute wenden. Die Korianderblättchen unterziehen und das Gericht abschmecken.

Nährwerte pro Portion
Kilokalorien 200, Kilojoule 830, Eiweiß/g 18, Kohlenhydrate/g 26, Fett/g 2, Ballaststoffe/g 2,9

Tip

Das Fischcurry warm mit schwarzem Reis (falls erhältlich, sonst weißem) reichen. Die Menge ist knapp berechnet, weil es bei einem burmesischen Essen mehrere Hauptgerichte gibt. Nach Belieben kann das Curry vor dem Servieren mit gehacktem Koriandergrün bestreut werden.

Fischcurry Myanmar

einfach, braucht Zeit, zum Einfrieren
4 Portionen

- 500 g Barschfilet
- 1 TL Paprikapulver
- 1 TL Kurkumapulver
- Salz
- 2 EL Fischsauce
- 1 Zwiebel
- 3 Knoblauchzehen
- 4 cm frische Ingwerwurzel
- 2 rote Chilischoten
- 3 reife Fleischtomaten
- 3 EL ÖL

Das Barschfilet waschen, trockentupfen und in Würfel von 3 cm Seitenlänge schneiden.

Je 1/2 Teelöffel Paprikapulver, Kurkumapulver, Salz und 1 Eßlöffel Fischsauce verrühren, die Fischwürfel darin wenden und 15 Minuten marinieren lassen.

Zwiebel und Knoblauchzehen abziehen und fein hacken. Den Ingwer schälen und ebenfalls fein hacken. Die Chilischoten waschen, putzen, entkernen und in feine Ringe schneiden. Die Tomaten brühen, häuten, entkernen und in Würfel schneiden.

Das Öl im Wok erhitzen und Zwiebel, Knoblauch, Ingwer, Chilis und das restliche Paprika- und Kurkumapulver einrühren und 2 Minuten anbraten. Dann die Tomatenwürfel und die restliche Fischsauce zugeben und bei starker Hitze 3 Minuten rühren, bis die Mischung eindickt.

Die Fischwürfel zugeben und in der Mischung wenden. 200 ml Wasser angießen, rühren, den Wok zudecken und den Barsch bei schwacher Hitze 10 Minuten ziehen lassen.

Nährwerte pro Portion
Kilokalorien 270, Kilojoule 1120, Eiweiß/g 29, Kohlenhydrate/g 4, Fett/g 15, Ballaststoffe/g 1,5

Burma hieß früher Myanmar und jetzt heißt es wieder so. Die wechselhafte Geschichte des Landes hat der Küche keinen Abbruch getan: In Myanmar kann man hervorragend essen.

Garnelen mit Wasserspinat

einfach, Blitzrezept
4 Portionen

- 400 g rohe, ungeschälte Garnelenschwänze
- 500 g Wasserspinat (ersatzweise Wurzelspinat oder Brunnenkresse)
- Schalotten
- 3 Knoblauchzehen
- 3 EL Öl
- Salz
- 2 EL Fischsauce

Die Garnelenschwänze waschen, schälen, am Rücken aufschlitzen und die Därme entfernen.

Den Spinat gründlich waschen, grobe Stiele entfernen und die Blätter in große Stücke zupfen.

Die Schalotten und den Knoblauch abziehen. Die Schalotten in feine Ringe schneiden. Die Knoblauchzehen der Länge nach halbieren und quer in feine Scheiben schneiden.

Das Öl im Wok erhitzen und die Schalotten bei schwacher Hitze kurz andünsten. Die Garnelen einrühren, mit etwas Salz und der Fischsauce würzen und 2 Minuten unter Rühren braten.

Die Hitze hoch stellen, den abgetropften Spinat zugeben und mit den Garnelen vermischen. Den Knoblauch zugeben und rühren, bis der Spinat zusammenzufallen beginnt.

Nährwerte pro Portion
Kilokalorien 190, Kilojoule 790, Eiweiß/g 19, Kohlenhydrate/g 2, Fett/g 11, Ballaststoffe/g 3,2

Würziges Hähnchen mit gebratenem Gemüse

einfach, braucht Zeit, zum Einfrieren
4 Portionen

- 4 große Hähnchenkeulen
- 1 EL Fischsauce
- 1 EL helle Sojasauce
- 1 EL Limettensaft
- 1 Prise Salz
- 1/2 TL Kurkumapulver
- 40 g frische Galgantwurzel
- 4 Knoblauchzehen
- 1 Thai-Chilischote
- 4 EL Öl

Gemüse
- 800 g gemischtes, geputztes Gemüse wie z. B.: Wurzelspinat, Pak Soy, Chinakohl, grüne Bohnen, Erbsenschoten, grüner Spargel, Auberginen, Bananenblüte, eingelegte Bambusprossen
- 4 Frühlingszwiebeln
- 2 Knoblauchzehen
- 2 EL Öl
- 1 EL helle Sojasauce
- 1 EL Fischsauce

Die Hähnchenkeulen gründlich waschen, die Haut entfernen und das Fleisch trockentupfen. Jede Keule in 3 Stücke schneiden: Die Unterkeule im Gelenk abtrennen, das Fleisch zwischen Oberkeule und Hüftknochen einschneiden und das Gelenk auseinanderdrehen.

Fischsauce, Sojasauce, Limettensaft, Salz und Kurkumapulver miteinander verrühren und die Hähnchenteile damit einreiben. Das Fleisch an einem kühlen Ort marinieren lassen, bis das Gemüse vorbereitet ist, mindestens aber 30 Minuten. Während dieser Zeit zweimal wenden.

Die Galgantwurzel schälen, den Knoblauch abziehen und beides nicht zu fein hacken. Die Chilischote waschen, putzen, vierteln, entkernen und quer in feine Streifen schneiden.

Die Zutaten für die Gemüsemischung waschen, putzen und in mundgerechte Stücke bzw. in feine Streifen oder Ringe schneiden. Bei Verwendung von Bananenblüte die äußeren Blätter entfernen und die Knospe quer in Ringe schneiden.

Die Frühlingszwiebeln waschen, putzen, in 5 cm lange Stücke schneiden und diese längs halbieren. Die Knoblauchzehen abziehen und fein hacken.

Dieses Gericht ist in Kambodscha beliebt. Dort werden allerdings statt Hähnchenkeulen Froschschenkel verwendet.

Zum Braten der Hähnchenkeulen 4 Eßlöffel Öl in einer weiten Pfanne stark erhitzen. Die Hähnchenteile rundherum knusprig anbraten. Die Hitze zurückschalten, Galgant, Knoblauch und Chili zugeben und mit dem Fleisch vermischen. Die Hähnchenteile bei schwacher Hitze ziehen lassen, bis das Gemüse gegart ist.

2 Eßlöffel Öl im Wok erhitzen. Zunächst die festen Gemüse in den Wok geben und 1 Minute rühren. Dann die zarten Gemüse, Blätter, Frühlingszwiebeln und Knoblauch untermischen. Mit Sojasauce und Fischsauce würzen und auf schwacher Hitze noch 1 Minute wenden.

Das Gemüse auf eine große Servierplatte häufen und die Hähnchenkeulen darauf setzen.

Nährwerte pro Portion
Kilokalorien 560, Kilojoule 2530, Eiweiß/g 47, Kohlenhydrate/g 8, Fett/g 36, Ballaststoffe/g 5,6

Rezeptverzeichnis

Aglio, olio, peperoncino, Spaghetti 48
Ailloli 61
Algerische Fischsuppe 84
Arabischer Gemüse-Lammtopf 88
Armenischer Zwiebeltopf 25
Auberginen mit Knoblauch-Nuß-Creme 18
Auberginen, mit Tomaten und Käse gefüllt 78
Auberginen-Päckchen in Tomatensauce 66
Auberginensalat, Gebackener, mit Ziegenkäse 26
Auberginensalat, Gebratener 24
Avocadosalat mit Tahini-Joghurt
und Granatapfel 100

Baguette, Knoblauch- 43
Basilikumsuppe 42
Bauernsalat, Griechischer 46
Bigosch 36
Blumenkohlsalat 83
Bohnengemüse mit Safran 95
Bohnensalat mit Knoblauch 33
Bohnensuppe mit Schweinshaxe 27
Bouillabaisse 58
Bruschetta 48
Burmesische Salate mit Gurke 120
Burmesischer Garnelensalat 121

Champignons, Marinierte 23
Chilipaste, grüne, Zhoug 101
Couscous mit Gemüse 94
Curry, Fisch-, Myanmar 124
Curry, Hähnchen- mit Kokossauce 115

Drei thailändische Würzsaucen 112

Eingelegte Paprikaschoten 21
Eingelegter Knoblauch und Bärlauch 16
Eingelegter Weißkohl 19
Eingelegtes Gemüse mit Knoblauch 22
Entensuppe mit Bambus 108

Fisch, Gebackener mit Kreuzkümmelpaste 85
Fischcurry Myanmar 124
Fischsuppe, Algerische 84
Folie, Knoblauch in der 30

Garnelen in Kokosmilch 116
Garnelen mit Tomaten und Oliven 54
Garnelen mit Wasserspinat 125
Garnelen, Scharfe, mit würzigen Glasnudeln 123
Garnelen-Mango-Salat 110
Garnelensalat, Burmesischer 121
Gazpacho 40
Gebackene Sardinen 65
Gebackener Auberginensalat mit Ziegenkäse 32
Gebackener Fisch mit Kreuzkümmelpaste 85
Gebratener Auberginensalat 24
Gemüse aus dem Wok „Phad Pak" 107
Gemüse, Couscous mit 94
Gemüse, Eingelegtes 22
Gemüse-Lamm-Topf, Arabischer 88
Griechischer Bauernsalat 46
Griechisches Lammragout mit Zimtsauce 79
Grillen, Knoblauch 31
Grundrezept Pizzateig 44
Grüne Chilipaste, Zhoug 101
Gurkensuppe, Thailändische 109

Hackfleischpfanne, Südfranzösische 76
Hähnchen mit Oliven 93
Hähnchen, Würziges, mit Gemüse 126
Hähnchen-Kichererbser-Küchlein 96
Hähnchencurry in Kokossauce 115
Harisa 92
Heiße Knoblauchsauce 90
Hühnercurry, Reisnudelsalat mit 118
Hühner-Paste, Walnuß- 20
Hummus 102

Joghurt-Suppe, Mangold- 99
Joghurtsuppe, Tarator 26

Kalbfleisch, Schmortopf mit 89
Kalbsschulter, provenzalisch 68
Kartoffelsuppe mit Käse 28
Kichererbsen-Küchlein, Hähnchen- 96
Knoblauch grillen 31
Knoblauch in der Folie 30
Knoblauch und Bärlauch, Eingelegter 16
Knoblauch-Nuß-Creme, Auberginen mit 18
Knoblauchbaguette 43
Knoblauchsauce, Heiße 90
Knoblauchsuppe „Ajo blanco" 41
Kokosmilch 114
Kokosmilch, Garnelen in 116

Lamm, Tajine mit 86
Lammhacksteaks mit marinierten Zucchini 74
Lammkarree 73
Lammkeule mit buntem Röstgemüse 76
Lammpilaw, Usbekischer 34
Lammragout, Griechisches 79

Mandalay Nangyi Suppe 118
Mango-Chutney 111
Mangold-Joghurt-Suppe 99
Marinierte Champignons 23
Meeresfrüchte mit Knoblauch
und Zitronenblatt 122
Millerighe alla pizzaiola 49
Mititei 37
Moussaka 90

Ochsenschwanzragout „Rabo de Toro" 70
Olivensalat 82

Paprikaschoten, Eingelegte 21
Pasta nera con moscardini 55
Peperonata 53
Pesto, Tagliatelle mit 51
Pesto-Butter 50
Pizza alla marinara 45
Pizza pane mit Rosmarin 44
Pizzateig, Grundrezept 44

Radieschensauce 97
Ratatouille 72
Reisnudeln mit Knoblauch und Rinderfilet 117
Reisnudelsalat mit Hühnercurry 118
Rotbarbe in Zitronen-Kräuter-Sauce 62
Rouille, Sauce 61
Rührei, Tunesisches 98

Salat, Garnelen-Mango- 110
Salat, Oliven- 82
Salate mit Gurke, Burmesische 120
Salsa romesco 70
Sardinen, Gebackene 65
Sauce Rouille 61
Scharfe Garnelen mit würzigen Glasnudeln 123
Schmortopf mit Kalbfleisch 89
Sesamsauce, Tahini 101
Soupe au pistou, Basilikumsuppe 42
Spaghetti aglio, olio, peperoncino 48
Spaghetti alle vongole 56
Spaghettini mit getrockneten Tomaten 52
Straccietti alla romana 67
Südfranzösische Hackfleischpfanne 76
Suppe, Basilikum- 42
Suppe, Enten-, mit Bambus 108
Suppe, Gurken-, Thailändische 109
Suppe, Joghurt-, Tarator 26
Suppe, Joghurt- Mangold- 99
Suppe, Mandalay Nangyi 118

Tagliatelle mit Pesto 51
Tagliolini mit Pinienkernsauce 50
Tahini Sesamsauce 101
Tajine mit Lamm 86
Tarator, Joghurtsuppe 26
Thailändische Gurkensuppe 109
Thailändische Würzsaucen, Drei 112
Thunfisch mit Tomate 64
Tomatentopf mit Lotte und Artischocken 63
Topinki 30
Tsatsiki 46
Tunesisches Rührei 98

Usbekischer Lammpilaw 34

Vongole, Spaghetti alle 56
Vongole veraci, pikant gegrillt 57

Walnuß-Hühner-Paste 20
Weißkohl, Eingelegter 19
Würziges Hähnchen mit gebratenem Gemüse 126
Würzsaucen, Drei thailändische 112

Zhoug 101
Zwiebeltopf, Armenischer 25
Zwiebeltorte 43

aglio

กระเทียม

Garlic

VITLÖK

Allium sativum

czosnek

ajo

hvidløk

Valkosipuli

蒜

σκόροδον

Knoblauch

Knofel!

蒜

alho

กระเทียม

VITLÖK

чеснок

ail

aglio

Tỏi

knoflook

hvidløk